Veenu Mangat
Saloni Aggarwal

Sistema de Recomendação de Páginas Web Baseado em Data Mining

Veenu Mangat
Saloni Aggarwal

Sistema de Recomendação de Páginas Web Baseado em Data Mining

Modelo de Markov Oculto para explorar o Desconhecido

ScienciaScripts

Imprint

Cover image: www.ingimage.com

This book is a translation from the original published under ISBN 978-3-659-85292-3.

Publisher:
Sciencia Scripts
is a trademark of
Dodo Books Indian Ocean Ltd. and OmniScriptum S.R.L publishing group

120 High Road, East Finchley, London, N2 9ED, United Kingdom
Str. Armeneasca 28/1, office 1, Chisinau MD-2012, Republic of Moldova, Europe
Managing Directors: Ieva Konstantinova, Victoria Ursu
info@omniscriptum.com

Printed at: see last page
ISBN: 978-620-8-36959-0

ÍNDICE DE CONTEÚDOS

PREFÁCIO

Atualmente, os sistemas de recomendação de páginas Web são utilizados em todos os domínios da Internet. Esses sistemas são utilizados para compreender e analisar o comportamento dos utilizadores que visitam o sítio Web, a fim de captar os seus interesses de compra em termos de serviços ou categorias de produtos, de acordo com o tema dos sítios Web. Os sítios Web utilizam esta informação para oferecer sugestões e recomendações aos seus visitantes, de modo a aumentar as hipóteses de estes comprarem serviços e produtos. Quando os visitantes podem ver as sugestões sobre as páginas Web a visitar a seguir, de acordo com os seus interesses personalizados, a probabilidade de clicarem na ligação sugerida e visitarem a página Web aumenta, o que, por sua vez, leva a um aumento das hipóteses de comprarem o produto/serviço visitado. Estes sistemas baseiam-se na extração de registos Web de servidores de sítios Web que contêm todas as informações, como as páginas visitadas por diferentes utilizadores, o endereço IP de cada sessão de utilizador, o tempo de permanência em cada página Web, a frequência das visitas à página Web, etc. Estes são os chamados Dados de utilização da Web. Para além dos dados de utilização da Web, foram feitos avanços no sentido do conhecimento semântico, ou seja, o conhecimento sobre o conteúdo das páginas Web de um sítio Web. É referido como conhecimento do domínio ou dados semânticos da Web. Os sistemas de recomendação simples baseiam-se geralmente apenas nos dados de utilização da Web. No entanto, os sistemas modernos também integram o conhecimento semântico do sítio Web para obter dados de utilização da Web enriquecidos semanticamente e, posteriormente, aplicam a técnica de extração para extrair o comportamento de navegação dos visitantes. Isto melhora os resultados da recomendação em termos de serem mais personalizados e relevantes para os interesses do utilizador. Este trabalho propõe um sistema de recomendação baseado em conhecimento semântico e dados de utilização da Web. Foi proposta uma estrutura para empregar este sistema e o algoritmo baseado no modelo de Markov oculto utilizado para a extração de dados semanticamente enriquecidos a partir de registos da Web melhora em grande medida o desempenho do sistema.

CAPÍTULO 1

INTRODUÇÃO

1.1 Extração de dados

1.1.1 Visão geral e definição

"Mineração" significa literalmente procurar um determinado item num grande conjunto de itens. Por conseguinte, a prospeção de dados refere-se à extração de dados. A extração de dados é definida como o processo de extrair, analisar e inferir informações úteis de grandes quantidades de dados através da aplicação de uma técnica de extração e, em seguida, representá-las de uma forma compreensível [1]. É basicamente uma parte do processo de Descoberta de Conhecimento em Bases de Dados, como um passo avançado de análise. O objetivo do Data Mining é encontrar informação a partir de dados brutos. O Data Mining não só extrai informações, como também permite aos utilizadores visualizar as informações extraídas de diferentes dimensões, resumir as relações identificadas e categorizá-las. A extração de dados visa a descoberta de informações úteis, não implícitas e desconhecidas, a partir de grandes quantidades de dados encontrados em grandes bases de dados ou registos de dados. Assim, a extração de dados está no centro do processo de descoberta de conhecimentos. A extração de dados não só fornece dados claros aos analistas de dados, mas também a peritos de diferentes domínios que necessitam dos dados para recomendações acionáveis. As aplicações mais populares e significativas incluem a determinação do comportamento do cliente no comércio eletrónico, a extração de gráficos no sector bancário e financeiro e a análise de padrões genéticos. Atualmente, a indústria da investigação centra-se sobretudo na análise da Web, a maior base de dados do mundo. Estão a ser desenvolvidos métodos e ferramentas para a análise exploratória de dados comportamentais. A prospeção de dados é uma ferramenta muito poderosa para as empresas tomarem decisões baseadas no conhecimento para o futuro. A prospeção de dados fornece um apoio automatizado na análise de eventos passados (fornecidos por ferramentas de recolha de dados) que, de outra forma, seriam demasiado morosos para serem resolvidos. O Data Mining também auxilia os sistemas de apoio à decisão para ajudar os decisores a concentrarem-se nas informações mais importantes dos seus armazéns de dados. As ferramentas de extração de dados conseguem descobrir padrões ocultos que são utilizados para prever informações que, de outra forma, passariam despercebidas aos especialistas por serem inesperadas.

As técnicas de extração de dados desenvolveram-se como consequência de um longo processo de investigação contínua ao longo dos anos. A evolução começou com o advento do armazenamento de dados nos computadores e continuou a evoluir devido ao aumento da quantidade de acesso aos dados e às tecnologias que permitem aos utilizadores navegar nos dados em tempo real. A evolução não se ficou por aqui, a prospeção de dados não se limitou ao nível do acesso aos dados e da navegação, tendo passado para o nível seguinte ao incluir a "entrega de informações" em formas compreensíveis como parte importante do processo de análise de dados e de descoberta de conhecimentos.

O processo de descoberta de conhecimentos é um processo iterativo composto pelas seguintes etapas [1]:

1. Limpeza de dados: remoção de ruído ou de dados incoerentes
2. Integração de dados: combinação de dados de várias fontes
3. Seleção de dados: para obter dados relevantes para a tarefa a partir de bases de dados
4. Transformação de dados: consolidação dos dados de entrada em formas adequadas para extração através de operações de agregação
5. Extração de dados: extração de padrões de dados através da aplicação de métodos inteligentes.
6. Avaliação de padrões: identificação de padrões verdadeiramente interessantes que apresentam informações no contexto de algumas medidas de interesse.
7. Apresentação do conhecimento: aplicar técnicas de visualização para representar o conhecimento extraído a todos os utilizadores.

A base do processo de extração de dados reside em três aspectos fundamentais:

Recolha de dados a partir de bases de dados maciças

2. Computadores potentes com multiprocessadores

3. Algoritmos de extração de dados

O Data Mining baseia-se no conceito de modelação. A modelação é o processo de desenvolvimento de um modelo numa situação em que os dados de entrada e a compreensão dos dados (saída) são conhecidos; e deve ser aplicada noutra situação em que a resposta não é conhecida e deve ser encontrada.

1.2 Antecedentes

1.2.1 Extração de dados da Web

O Web Mining refere-se à extração de dados e hiperligações na World Wide Web para extrair inferências úteis. O Web Mining é a aplicação da extração de dados destinada a dados da Web. O termo Web Mining foi criado por Oren Etzioni em 1996. É o processo de descoberta de conhecimentos a partir de dados da Web, que inclui registos de utilização de sítios Web, documentos Web e hiperligações entre os documentos, etc. O Web Mining explora essencialmente as técnicas de extração de dados para obter informações de forma automatizada a partir de documentos, registos e hiperligações da Web. Este facto levou a uma maior evolução destas técnicas para estruturas específicas de dados na Web. Os recursos da Web incluem: 1) os sítios Web reais, ou seja, os dados de registo da Web; 2) as ligações que ligam as páginas Web e os sítios Web; e 3) o caminho da página Web seguido pelos utilizadores que visitam a Web para chegar a um determinado sítio Web. A extração de dados sobre a utilização da Web diz respeito à obtenção de conhecimentos úteis a partir desses dados de entrada. Os dados de entrada são os dados brutos obtidos a partir dos registos dos servidores dos sítios Web; e o resultado pretendido é a informação que contém a compreensão do comportamento do utilizador em domínios como as compras em linha, a pesquisa de informação em linha, a aprendizagem em linha, etc.

O Web Mining não é de todo um processo de uma só etapa. É, em si mesmo, um processo que consiste em várias etapas. As várias etapas do processo de Web Mining são apresentadas a seguir [2]:

- **Descoberta de recursos:** processo de identificação das informações e serviços pretendidos na Web, eliminando assim os dados desconhecidos.

- **Seleção e pré-processamento da informação:** processo de pré-processamento que inclui a limpeza, o carregamento e a transformação dos dados identificados na etapa anterior.

- **Generalização:** São reconhecidos padrões generalizados que estão presentes em sítios Web individuais e múltiplos utilizando algoritmos de aprendizagem automática.

- **Análise:** A informação e os padrões extraídos são validados e verificados quanto à sua correção, seguindo-se a interpretação dos padrões.

- **Visualização:** Os resultados da interpretação são representados de forma compreensível.

Há duas abordagens que são utilizadas para categorizar as diferentes subcategorias da extração de dados na Web: a visão centrada no processo e a visão centrada nos dados. O ponto de vista centrado no processo considera que a extração de dados na Web é composta por uma sequência de funções ou tarefas. A perspetiva centrada nos dados considera a extração de dados da Web com base no tipo de dados a extrair da Web.

Três subcategorias de informação podem ser recuperadas através da extração de dados da Web:

- **Atividade WebInformações** sobre a forma como as páginas Web foram navegadas e o perfil do utilizador. Esta informação é obtida a partir dos registos do servidor Web e dos registos do navegador Web.

- **Estrutura da Web**: A estrutura inerente dos sítios Web. Esta é extraída das hiperligações entre páginas Web.

- **Conteúdo da Web**: o tipo de informação representada pelos sítios Web. É obtido a partir do conteúdo encontrado nas páginas Web.

1.2.2 Web Mining- Categorias

Com base nos fundamentos de "que parte da Web deve ser extraída", foram propostas três categorias de extração da Web. As três categorias são:

1. Extração de conteúdos da Web - corresponde à extração de conteúdos em páginas Web - para inferir a informação relevante a partir de toda a informação disponível nas páginas Web.

2. Extração de estruturas da Web - corresponde à obtenção de informações sobre a forma como as páginas da Web estão ligadas.

3. Extração de dados de utilização da Web - corresponde à extração da atividade dos utilizadores na Web - os padrões de navegação.

A figura ilustra a hierarquia da extração de dados da Web e as suas categorias:

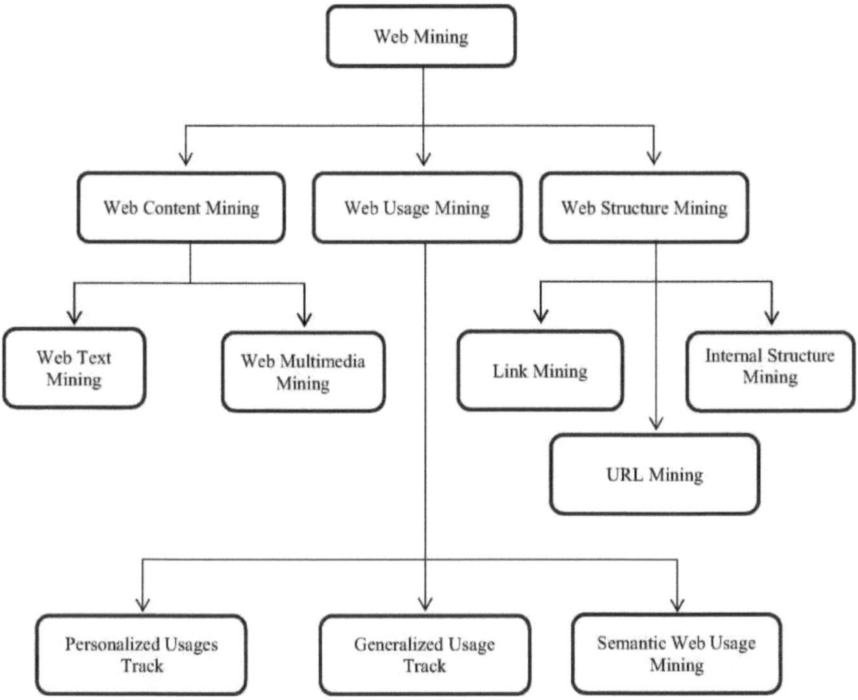

Figura 1 Categorias de Web Mining

1.2.2.1 Extração de conteúdos da Web

A extração de **conteúdos da Web é** formalmente definida como a extração de informações úteis do conteúdo das páginas Web. Uma página Web não contém apenas texto, mas também áudio, vídeo, imagens, gráficos, tabelas, listas, etc. Todo este conteúdo, quando extraído, é abrangido pela extração de conteúdos da Web.

Algumas aplicações da extração de conteúdos da Web são:

- **CBIR (Recuperação de imagens com base no conteúdo):** A maior parte das imagens contidas em páginas Web não são anotadas semanticamente, ou seja, as imagens não podem ser recuperadas utilizando palavras-chave e ferramentas tradicionais baseadas em texto para a recuperação de imagens, limitando assim as aplicações das técnicas de recuperação de imagens. A CBIR foi proposta para resolver este problema e explorar os benefícios do conceito de recuperação de imagens de uma forma mais eficiente. A técnica de recuperação de imagens com base no conteúdo utiliza o conteúdo das imagens para as indexar e representar semanticamente. O conteúdo das imagens, neste caso, refere-se à cor, forma, textura, etc. [3].

- **SVD (Semantic Virtual Document):** O SVD é uma técnica que utiliza a estrutura da Web em integração com técnicas de sumarização para uma melhor apresentação da informação em documentos da Web. É utilizada juntamente com um algoritmo de agrupamento adequado para obter a categorização de documentos Web de forma automatizada com base na semelhança entre o conteúdo dos documentos Web. Esta abordagem permite a classificação automática de documentos na Web e também permite a navegação nos documentos Web pós-recuperação através de uma interface gráfica do utilizador. Assim, o documento virtual semântico melhora e ajuda os utilizadores no processo de avaliação da relevância dos documentos da Web [4].

- **WISE (motor de meta-pesquisa):** estuda o problema da agregação hierárquica da Web e propôs uma arquitetura de um motor de meta-pesquisa denominado WISE que constrói automaticamente agregados de páginas Web relacionadas que incorporam um significado da consulta. Estes agrupamentos são depois organizados hierarquicamente e etiquetados com uma frase que representa o conceito-chave do agrupamento e os documentos Web correspondentes [5].

- **Co-agrupamento Query-URL:** É importante para os sítios Web analisar a arquitetura do conteúdo da informação nas páginas Web e as ligações correspondentes. A relação entre o conteúdo e os links é utilizada para categorizar as consultas e os links (URLs) em relação ao sítio web. No primeiro passo, para um determinado sítio Web, todos os URL relacionados com ele e as consultas são recolhidos dos registos de consultas sob a forma de gráficos conhecidos como gráficos bipartidos, com as consultas num lado do gráfico e as ligações clicadas no outro lado do gráfico. Na etapa seguinte, é efectuado o agrupamento de URLs e de consultas. Na última etapa, utilizando a entropia da informação, a avaliação da estrutura das ligações e do conteúdo das páginas Web é efectuada com base nos agrupamentos de URLs e de consultas, respetivamente [6].

1.2.2.2 Extração de estruturas da Web

A extração de estruturas da Web é utilizada para descobrir as informações de estruturação da Web. Esta extração é realizada ao nível do documento (ou seja, intra-página) ou ao nível da hiperligação (ou seja, inter-página). O objetivo é descobrir os resumos estruturados sobre as informações contidas nas páginas Web.

Aplicações da extração de estruturas da Web:

- **Exploração da estrutura comunitária do grafo[7]:** Uma comunidade web é basicamente um conjunto de páginas web que se centram num tema específico. A maioria das abordagens baseia-se no pressuposto de que cada membro da comunidade contém mais hiperligações no seu interior do que fora da sua comunidade. A este respeito, muitos algoritmos de agrupamento de grafos podem ser utilizados para a extração da estrutura de comunidades de grafos, uma vez que utilizam o mesmo pressuposto.

- **Extração de padrões de navegação na Web [8]:** Analisa a topologia de um sítio Web sob a forma de um gráfico dirigido e, por conseguinte, extrai os padrões de navegação na Web para a indústria do comércio eletrónico. É feito através da análise vetorial ou da teoria dos conjuntos difusos para agrupar os utilizadores e os URL. Neste contexto, o algoritmo de identificação de caminhos de acesso frequentes não se baseia na extração de sequências.

- **Marcadores [9]:** É a estrutura que permite que grupos/indivíduos acessem um bookmark de qualquer lugar na Internet empregando um navegador web habilitado para Java. Um protótipo para incluir caraterísticas como o tipo de documento, o URL, o título do documento, a data de adição, as palavras-chave, a data da última visita e a data da última modificação, uma vez que os marcadores são partilhados entre grupos de utilizadores.

- **Mapa auto-organizável (SOM) [10]:** A exploração de dados da Web e uma ferramenta visual para auxiliar a navegação do utilizador são apresentadas em [10]. Com base no comportamento de navegação dos utilizadores, desenvolveram o LOGSOM (que é um sistema baseado no SOM para organizar páginas Web num mapa bidimensional). O mapa SOM é responsável pela ferramenta de navegação e pela ferramenta visual para compreender melhor a estrutura do sítio Web e analisar o comportamento de navegação dos utilizadores da Web.

1.2.2.3 Extração de dados de utilização da Web

A extração de dados de utilização da Web é utilizada para analisar a forma como a Web está a ser utilizada pelos utilizadores, nomeadamente o tipo de páginas Web que visitam, o tempo que passam em cada página, a duração da permanência numa página Web, etc. Todo o registo de atividade é armazenado nos ficheiros de registo da Web para melhor servir as necessidades das aplicações baseadas na Web. Estes ficheiros de registo da Web são explorados para obter informações de acordo com as necessidades e o objetivo da exploração pretendida. A compreensão do comportamento do utilizador a partir de dados brutos nos registos do servidor exige uma modelação formal do comportamento do utilizador derivado em termos de parâmetros de interesse, tempo, etc. O comportamento do utilizador e a disponibilidade dos dados mudam com o tempo. Assim, a natureza dinâmica dos dados de entrada no processo de extração de dados de utilização da Web é um fator importante a ter em conta para obter dados relevantes para o utilizador.

Algumas aplicações da extração de dados de utilização da Web são:

- **Melhoria do sistema:** A extração de dados de utilização da Web permite compreender o tráfego da Web e aceder ao comportamento que é utilizado para desenvolver políticas de transmissão de rede, caching da Web, equilíbrio de carga. A extração de dados de utilização da Web também permite a recuperação de padrões que são utilizados para detetar casos de intrusão, ataques fraudulentos, tentativas de invasão, etc. [11].

- **Personalização:** Personalização significa oferecer recomendações dinâmicas aos utilizadores da Web com base no seu comportamento de utilização e nas informações do seu perfil de utilizador. É uma aplicação muito atractiva da prospeção da utilização da Web e constitui o coração dos sistemas de recomendação na Web. O WebWatcher, SiteHelper, etc. são exemplos que oferecem personalização de sítios Web com base em informações de utilização [12].

- **Modificação do sítio:** A atratividade do sítio Web pode ser um fator crucial para muitas aplicações, como um sítio Web de comércio eletrónico, por exemplo, a manutenção de um catálogo de produtos. A extração de dados sobre a utilização da Web ajuda a dar feedback sobre o comportamento do utilizador, estabelecendo a base para o designer do sítio Web tomar decisões de re-design para melhorar o sítio [13].

- **Inteligência comercial:** As informações sobre a forma como os clientes utilizam um sítio Web são muito importantes para as empresas de venda por correspondência eletrónica [14]. Buchner apresentou um processo de descoberta de conhecimentos para a descoberta de informações de marketing a partir dos dados de utilização da Web. Definiram um hipercubo de dados de registo da Web que consolida os dados de utilização da Web com dados de marketing para ajudar as aplicações de comércio eletrónico. Propõem quatro etapas no ciclo de vida da relação com o cliente, apoiadas por técnicas de descoberta de conhecimentos, a saber: atração de clientes, vendas cruzadas, retenção de clientes, saída de clientes. SurfAid, Net-Genesis, Accrue Aria, WebTrends, Hitlist, são produtos comerciais que ajudam a analisar o tráfego Web essencialmente para recolher informações comerciais[10].

Os três subdomínios da extração de dados de utilização da Web são explicados a seguir:

1. Rastreio generalizado do acesso à Web

O campo básico da extração de dados de utilização da Web é o rastreio de padrões de acesso generalizados de vários utilizadores da Web através da extração de dados nos registos da Web.

Isto permite aos sítios Web analisar os padrões de navegação dos utilizadores ao longo de um determinado período de tempo e a forma como o sítio Web é utilizado, que módulos do sítio Web são utilizados com mais frequência do que outros, que páginas Web são mais ativamente visitadas pelos utilizadores, quantos utilizadores visitam geralmente o sítio Web em simultâneo e muito mais. O rastreio generalizado de padrões de acesso é utilizado para tomar decisões sobre a forma de melhorar o sítio Web, tomar decisões sobre a distribuição da carga no servidor, o armazenamento em cache na Web e a conceção do sítio Web. Por exemplo, um sítio Web de comércio eletrónico descobre que o produto "A" é mais frequentemente comprado por um grande número de utilizadores, pelo que a empresa tentará lançar mais produtos de natureza semelhante. Também é possível estimar os consumos de oferta e procura dos utilizadores. Mesmo nos sistemas de recomendação, o sistema pode recomendar aos utilizadores produtos de natureza semelhante com base no facto de o maior número de utilizadores ter estado interessado nesse produto no passado. Estes sistemas de recomendação são os sistemas de recomendação mais básicos [15].

2. Exploração personalizada do uso da Web

A aplicação mais utilizada de exploração da utilização da Web é utilizada para analisar os padrões de navegação dos utilizadores, de modo a oferecer uma experiência de navegação personalizada aos utilizadores de acordo com os seus interesses. O histórico de navegação dos utilizadores, bem como as informações sobre o seu perfil, são analisados de forma integrada para se conseguir a personalização. Os caminhos de navegação de uma página Web para outra percorridos por um utilizador na sessão Web do utilizador são analisados. Os percursos de navegação são também designados por fluxos de cliques. Os dados do fluxo de cliques constituem o núcleo da extração de dados de utilização da Web. O número de sessões Web a tomar como entrada para a tarefa de análise depende do "tipo de informação a extrair". Por exemplo, se um sítio Web de comércio eletrónico quiser aceder à quantidade de utilização do sítio e às compras que os utilizadores fazem nos meses de férias de verão, ou seja, de junho a julho, nos últimos cinco anos, então apenas as sessões Web que foram capturadas nos registos Web nos meses de junho e julho de cada ano, nos últimos cinco anos, podem ser a amostra de entrada para o processo de extração [15].

A extração de dados de utilização da Web é uma tarefa passo a passo. Os ficheiros de registo da Web são pré-processados e, em seguida, os conjuntos de dados relevantes são extraídos dos registos da Web. A extração e a formulação dos conjuntos de dados podem ser feitas por amostragem aleatória ou utilizando critérios pré-especificados, por exemplo, a amostragem apenas dos percursos de clique dos utilizadores que visitaram o sítio Web nas últimas 24 horas pode ser uma forma de analisar o comportamento de navegação dos utilizadores apenas nas últimas 24 horas.

Dados de utilização da Web para personalizaçãoiOs registos do servidor Web captam e retêm muitas informações sobre o comportamento de navegação do utilizador. O tipo de informação presente nestes registos é o seguinte [16] : (1) a sequência de páginas visitadas em função do tempo, (2) os tipos de perfis de utilizador que seguem uma sequência comum, (3) os resultados da sequência de páginas visitadas por cada utilizador, (4) outro tipo de conhecimento - em que altura do ano o sítio Web é mais visitado, (5) a frequência das visitas feitas a qualquer página Web, uma maior frequência implica que um maior número de utilizadores está interessado nessa página ou que o mesmo conjunto de utilizadores visita a página web com muita frequência, (6) o tempo que o utilizador permanece numa página web, (7) a classificação das páginas web pelos utilizadores, (8) quem é o referenciador da página web que está a ser visitada pelo utilizador do domínio e muito mais. Estes dados podem ser utilizados individualmente ou integrados de modo a obter os conhecimentos necessários sobre a utilização da Web. São os chamados dados de utilização da Web.

3. Exploração do uso da Web semântica

A palavra "semântica" significa o estudo das relações entre os sinais/símbolos/palavras, aquilo a que se referem, e a sua consideração como factores no desenvolvimento de teorias da verdade. No contexto da exploração mineira, a semântica refere-se à relação entre as palavras-chave ou frases de texto ou símbolos que estão disponíveis nos dados de entrada; e através da qual podem ser feitas algumas previsões sobre os padrões ocultos. A exploração semântica da utilização da Web significa explorar os registos da Web para rastreio de acesso generalizado ou para rastreio de acesso personalizado, mas tendo em conta o conhecimento do domínio do sítio Web. O termo "semântico" refere-se ao tema da página web do sítio Web. Este conhecimento "sobre o que é a página Web" pode ser recolhido através do conteúdo presente nas páginas Web - sob a forma de texto ou imagens ou gráficos, etc. - ou a partir de metadados das páginas Web, ou a partir dos dados dos cookies. O conhecimento sobre a semântica do sítio Web durante a extração dos registos da Web aumenta a vantagem da extração da utilização da Web, oferecendo melhores resultados. A principal aplicação da extração de dados semânticos sobre a utilização da Web é nos sistemas de recomendação modernos, que oferecem recomendações personalizadas na Web [17].

Dados da Web semântica: Os dados semânticos da Web significam o conhecimento do domínio do sítio Web. O conhecimento do domínio significa "que tipo de informação está a ser oferecida pela página Web ou pelo sítio Web" ou "o assunto da informação disponível nas páginas Web ou no sítio Web". Por exemplo, o sítio Web de um instituto de ensino tem diferentes páginas Web para diferentes assuntos, ou seja, uma página inicial, uma página para informações sobre o corpo docente, uma página para os cursos oferecidos, uma página sobre informações desportivas, etc. Essas informações podem ser utilizadas em integração com os dados de utilização da Web para reconhecer que tipo de páginas estão a ser visitadas umas a seguir às outras, o que, por sua vez, nos leva a desenvolver um sistema de recomendação eficiente que prevê as páginas "a visitar" para os utilizadores que chegam ao sítio Web para uma determinada página atual em que o utilizador está presente. Este conhecimento do domínio pode ser extraído dos títulos das páginas Web, que são suficientemente indicativos do conteúdo da página Web, dos metadados das páginas - chave, cookies, âncora, etc., ou de outra abordagem de extração aplicada. O conhecimento do domínio é representado através de uma ontologia do domínio.

A ontologia de domínio é definida como a descrição formal dos conceitos no domínio e a relação entre eles, as suas propriedades e as várias instâncias dos conceitos. Trata-se de um esquema gráfico dos termos do domínio extraídos das páginas Web e da relação entre eles. A construção de uma ontologia de domínio inclui os seguintes passos

1. Desenvolvimento de conceitos na semântica do sítio Web
2. Extração dos termos do domínio através de um algoritmo
3. Mapeamento das páginas Web para os termos do domínio (utilizando os títulos das páginas Web, por exemplo)

A ontologia do domínio, integrada com as instâncias das classes, forma a "Base de Conhecimentos do Domínio"" . O desenvolvimento de uma ontologia não é uma tarefa de um único passo, mas sim de passos iterativos. Todos os termos do domínio devem ser extraídos de acordo com os conceitos que representam, as relações entre eles devem ser identificadas e todas as propriedades que os conceitos ou classes possam ter devem ser identificadas. Os conceitos são organizados numa hierarquia - a abordagem de baixo para cima é construída agrupando as classes mais específicas em conceitos gerais; a abordagem de cima para baixo começa com conceitos gerais e avança para a especialização dos conceitos.

Exemplo de uma hierarquia de conceitos:

- Automóvel

Bmw

Mercedez

Jaguar

- Gato

Gato persa

Jaguar

Aqui, Carro e Gato são os conceitos. Bmw, Mercedez, Jaguar são classes sob o conceito Carro. Da mesma forma, gato é o conceito com as classes Gato persa e Jaguar. Jaguar é um nome de classe que está relacionado com ambos os conceitos. Esta relação deve ser mostrada quando se constrói uma ontologia (esquema gráfico) para a hierarquia de conceitos em causa. As etapas da criação de uma ontologia de domínio foram explicadas em pormenor no *capítulo 3, secção 3.2.*

A base de conhecimentos de domínio é o resultado final da criação de ontologias e dos dados de utilização da Web. A extração de dados semanticamente enriquecidos conduz à extração semântica da utilização da Web. A aplicação mais importante da extração de dados semânticos sobre a utilização da Web é a dos "sistemas de recomendação da Web".

1.3 Introdução aos sistemas de recomendação de páginas Web

Como a World Wide Web está a crescer continuamente a um ritmo exponencial, os sítios Web também estão a crescer em tamanho e complexidade, tornando assim difícil e aborrecido para os utilizadores encontrarem a informação que pretendem. No entanto, os utilizadores obtêm alguma ajuda da interface do utilizador para encontrar a informação desejada que é relevante para os seus interesses personalizados. Hoje em dia, quase todos os sítios Web ajudam os utilizadores a navegar, apresentando-lhes informações personalizadas, escolhendo entre um conjunto predefinido de tópicos. Os utilizadores nem sempre sabem ao certo quais são os seus interesses; além disso, os seus interesses mudam com o tempo, o que, por sua vez, leva a uma mudança na seleção que fazem. Os sistemas de recomendação fornecem esta informação personalizada com base na sua aprendizagem (sobre os utilizadores) extraída da sua interação constante com o utilizador. O sistema de recomendação faz recomendações sobre os interesses do utilizador, aprendendo com um modelo de utilizador. Um modelo de utilizador contém informações sobre o utilizador e deve ser apresentado de forma a poder ser mapeado para os itens da coleção. A informação utilizada no passado, o conteúdo dos itens, a informação sobre o perfil do utilizador e a perceção dos utilizadores sobre os itens, etc., também podem ser incluídos. Estes dados devem ser organizados de forma a que as diferentes páginas Web possam ser distinguidas umas das outras. Em segundo lugar, é necessário ter em conta o efeito do tempo sobre as preferências dos utilizadores, uma vez que estas mudam com o tempo.

O sistema de recomendação é definido *como uma ferramenta automatizada que capta e analisa os dados de utilização da Web ou os dados semânticos de utilização da Web para inferir algumas relações entre os interesses do utilizador e as páginas Web do sítio Web.* O objetivo dos sistemas de recomendação é ajudar os utilizadores da Web que visitam um sítio Web a navegar no sítio Web, oferecendo-lhes sugestões sobre as páginas seguintes que podem ser visitadas com base nos seus interesses pessoais.

Diferentes domínios na Web empregam sistemas de recomendação para colher benefícios, aumentando o grau de personalização para os utilizadores da Web e colhendo benefícios de diferentes formas. Atualmente, quase todos os sectores da Web dependem do sistema de recomendação da Web para aumentar os seus lucros e fidelizar os clientes. Os sistemas de recomendação tornaram-se a necessidade do momento para a World Wide Web.

Alguns sectores que utilizam extensivamente a prospeção da utilização da Web são os seguintes

- **Banca:** O sector bancário utiliza um sistema de recomendação baseado nos registos de utilização da Web e nos conhecimentos dos clientes, como a idade, o sexo, o rendimento anual, etc., e recolhe informações como o tipo de serviços utilizados pelos clientes com um perfil semelhante para [18] oferecer serviços personalizados aos clientes, a fim de vender os seus serviços. Uma vez que os serviços oferecidos são personalizados, aumentam as probabilidades de estes serviços serem efetivamente comprados pelos clientes. Isto leva a um aumento das vendas dos sítios Web dos bancos. Além disso, a identificação das necessidades do cliente e a apresentação das ofertas desejadas ajudam a manter a base de clientes.

- **Comércio eletrónico:** domínios comerciais como os sítios Web de turismo em linha, o portal de compras em linha, o ensino eletrónico, etc., também necessitam de sistemas de recomendação para personalizar a experiência de navegação dos utilizadores do sítio Web. Isto também ajuda a melhorar as receitas da sua atividade e aumenta a captação de mercado. Os benefícios incluem [19]: oferecer recomendações personalizadas de produtos aos utilizadores com base nos seus registos de compras anteriores e na semelhança com outros utilizadores de perfil semelhante, conduzindo assim a um aumento das compras dos clientes, a lucros elevados, à redução dos custos de marketing devido a uma ajuda no processo de identificação do mercado-alvo, à melhoria do layout do sítio Web para melhorar a recomendação, ao desenvolvimento de um sistema empresarial inteligente que pode prever as exigências de consumo dos utilizadores.

- **Motores de pesquisa personalizados para dispositivos portáteis:** Quando o utilizador introduz uma consulta de pesquisa, são apresentados vários links de páginas Web relevantes na página Web de resultados. O espaço no formulário do motor de pesquisa da Web num dispositivo portátil é muito pequeno em comparação com os motores de pesquisa normais da Web. Por conseguinte, os utilizadores tendem a escrever menos palavras ou a preencher pedidos mais pequenos, o que leva a resultados menos relevantes correspondentes ao pedido de pesquisa. Para obter resultados altamente precisos, é necessário estimar a importância relativa das páginas Web apresentadas, de modo a atribuir prioridades às páginas Web. Espera-se que a página Web de maior prioridade seja apresentada no topo da página de resultados como resposta à consulta específica introduzida pelo utilizador no formulário do motor de busca. O sistema de recomendação gera a lista de páginas Web que devem ser apresentadas de cima para baixo com base no comportamento anterior do utilizador e no interesse geral dos utilizadores por um determinado tópico da consulta de pesquisa. No entanto, os motores de pesquisa também funcionam sem sistemas de recomendação, não tendo em conta o perfil ou os interesses do utilizador, mas utilizando apenas um rastreador da Web para apresentar os resultados, através de abordagens como Filtro de registo do fluxo de cliques [20], sequência comum mais longa, árvore de fluxo de cliques [21], caminho de comportamento frequente. O rastreador é utilizado principalmente para trazer as páginas do servidor para a página de resultados, com base no facto de lhe ser dado maior acesso a páginas Web com melhor classificação.

- **Redes sociais :** Os sistemas de recomendação são amplamente utilizados nas redes sociais como forma de aumentar a rede social dos utilizadores, oferecendo-lhes recomendações sobre os vários perfis que podem ter algum interesse para o utilizador com base em amigos comuns, gostos semelhantes em algumas páginas Web, localizações geográficas, etc. Por exemplo, a opção "pessoas que talvez conheças" no Facebook é um resultado de um sistema de recomendação. Além disso, as redes sociais são uma excelente plataforma para a publicidade multiplataforma de diferentes empresas de comércio eletrónico. As diferentes empresas apresentam os seus anúncios nas redes sociais e o sistema de recomendação recomenda essas hiperligações ao utilizador em função dos cliques que este já fez em anúncios de diferentes sítios de comércio eletrónico. O Twitter é outro exemplo em que o sistema de recomendação funciona para gerar contas que o utilizador pode querer seguir com base nas contas já seguidas por esse utilizador. Os sistemas de recomendação nas redes sociais funcionam com base no princípio da estimativa da relevância da opinião entre utilizadores nas redes sociais, oferecendo recomendações aos utilizadores sobre como gostar de algumas páginas ou adicionar pessoas à sua rede. Trata-se de um modelo especializado para estimar a relevância da opinião entre os utilizadores de uma rede social. Ajuda o negócio das redes sociais a florescer e, consequentemente, leva ao aumento do número de associações entre os utilizadores. À medida que estas associações aumentam, maior é o aumento dos seus negócios. A filtragem colaborativa é geralmente utilizada nestes sistemas de recomendação.

1.3.1 Sistemas de recomendação tradicionais

Os sistemas de recomendação tradicionais dependem apenas dos dados de utilização da Web para gerar as recomendações. São propostas várias abordagens novas em [23], em que é utilizado o conhecimento do domínio, e em [24], em que é utilizado o conceito de bases de dados relacionais juntamente com o WUM para aumentar a eficiência do sistema de recomendação. No entanto, os dados de utilização da Web são o núcleo e o coração dos sistemas de recomendação da Web.

Existem duas abordagens principais para a conceção de sistemas de recomendação de páginas Web: [25]:

- **Filtragem baseada no conteúdo**: A técnica de filtragem baseada no conteúdo faz uma recomendação baseada no comportamento do utilizador. Podem ser utilizadas informações históricas de navegação, como os blogues mais lidos pelo utilizador e as caraterísticas desses blogues identificados. Se, por exemplo, um utilizador lê habitualmente artigos sobre Linux ou deixa comentários em artigos sobre testes, então este tipo de abordagem utilizará este histórico para descobrir o conteúdo semelhante recomendado. O conteúdo pode ser definido manualmente ou automaticamente utilizando métodos de extração baseados na semelhança. Nesta abordagem, as recomendações são propostas com base no grau de interesse demonstrado pelo utilizador em relação às diferentes páginas Web/produtos. Este grau de interesse é previsto a partir do comportamento de navegação desse utilizador nas sessões Web anteriores - classificação atribuída a uma página Web pelo utilizador, sequência ou ordem de passagem das páginas Web e respostas do utilizador a várias perguntas que lhe são feitas como feedback. Este método tem a limitação de os utilizadores nem sempre darem classificações exactas às perguntas do inquérito. Além disso, pode surgir o problema dos novos utilizadores.

- **Filtragem colaborativa:** Nesta abordagem, as recomendações são feitas de acordo com a semelhança do utilizador com outros utilizadores. A filtragem colaborativa fornece recomendações utilizando um modelo criado a partir do comportamento do utilizador existente. O comportamento de um único utilizador é suficiente para a construção do modelo. No entanto, podem ser tidos em conta vários utilizadores que apresentem um comportamento semelhante para construir um modelo eficaz. O conhecimento do grupo é tido em consideração para gerar uma recomendação baseada em utilizadores semelhantes. Vários utilizadores são analisados para produzir uma colaboração automática contendo utilizadores com interesses ou comportamentos semelhantes. A semelhança pode ser estimada através de 2 factores:

1. Informações sobre o perfil do utilizador: os utilizadores são agrupados de acordo com atributos do perfil, como sexo, idade e localização geográfica. A limitação deste método é que pode conduzir a recomendações irrelevantes, uma vez que não há conhecimento dos interesses pessoais do utilizador.

2. Interesses dos utilizadores: Os utilizadores são agrupados de acordo com a semelhança. Os padrões de navegação dos utilizadores em sessões anteriores são analisados; os utilizadores com interesses semelhantes são agrupados. Mas apresenta a limitação de esparsidade e escalabilidade. O tempo de computação, ou seja, o tempo de cálculo da similaridade, aumenta consideravelmente com o aumento do número de utilizadores.

Por exemplo, quando um sítio Web é desenvolvido para recomendar, por exemplo, blogues, o agrupamento de utilizadores é feito com base no tipo de blogues que lêem e subscrevem, ou seja, com base nas suas preferências. Os utilizadores que lêem o mesmo tipo de blogues podem ser agrupados. A partir desta informação, podem ser identificados os blogues mais populares lidos por esse grupo específico e, em seguida, para um determinado utilizador, é feita a recomendação do blogue mais popular que ele não subscreve nem lê.

1.3.2 Sistemas de recomendação modernos

Os sistemas de recomendação modernos baseiam-se na extração semântica da utilização da Web. A extração semântica da utilização da Web é muito popular nos sistemas de recomendação da Web porque utiliza a semântica (conhecimento do domínio) do sítio Web. O conhecimento do domínio (ou conhecimento semântico) do sítio Web implica informações sobre o tipo de assunto apresentado por cada página Web do sítio, por exemplo, a página Web "registo" contém conteúdos como o formulário de informação do utilizador, o formulário de inscrição, o formulário de início de sessão, etc. O conhecimento sobre o domínio é obtido a partir de cada página Web e depois incorporado num modelo designado por base semântica do sítio Web. O conhecimento do domínio extraído é combinado e integrado com os dados de registo da Web, sobre os quais é efectuada a extração para encontrar recomendações eficientes de páginas Web para os utilizadores.

A informação semântica obtida é representada num esquema gráfico formal conhecido como Ontologia de Domínio. Em seguida, os dados do registo da Web são extraídos para os integrar na ontologia, o que nos conduz a um modelo hierárquico. O algoritmo de extração da utilização da Web é então implementado em cima do modelo para oferecer recomendações.

Quando o utilizador visita uma nova página, o sistema de recomendação moderno pode oferecer recomendações ao utilizador mapeando as sequências de páginas Web existentes nos registos Web para as sequências de termos de domínio extraídas utilizando a ontologia de domínio. Inicialmente, todas as páginas Web são mapeadas para palavras-chave (termos de domínio) que melhor representam a informação contida na página Web. Por exemplo, uma página Web designada por "www.businessindia.com/shop-portalsupport" é mapeada para os termos de domínio: portal da loja e suporte. Assim, quando um utilizador visita uma página, digamos, "*www.businessindia. com/endusershop-portalsupport*" que nunca foi visitada anteriormente por nenhum utilizador, esta nova página Web pode ser relacionada com as palavras-chave shop-portal e support. E as sequências de termos de domínio (que já foram geradas através do mapeamento das sequências de páginas Web para os termos de domínio) serão pesquisadas e serão geradas recomendações sobre os termos de domínio que podem ser visitados a seguir - o que, por sua vez, pode ser novamente mapeado para os nomes de páginas Web correspondentes aos termos de domínio gerados e, por conseguinte, essas páginas serão oferecidas como recomendações ao utilizador.

1.4 Motivação

Devido ao rápido aumento da utilização da Web, acumulam-se grandes quantidades de dados a cada segundo na Web. Por conseguinte, a indústria da investigação está a concentrar-se na exploração dos benefícios dos dados de utilização, obtendo conhecimentos a partir dos registos da Web. Atualmente, quase todos os sítios Web utilizam um sistema de recomendação para oferecer recomendações de produtos e serviços de acordo com os interesses do utilizador. É necessária uma evolução constante dos sistemas de recomendação. Os sistemas tradicionais utilizam apenas os dados de utilização da Web, mas os sistemas baseados na semântica utilizam o conhecimento do domínio e os dados de utilização da Web para fazer recomendações. Este trabalho realça a importância dos sistemas de recomendação baseados na semântica e também dá uma ideia de como o conhecimento semântico do sítio Web pode ser utilizado juntamente com a utilização da Web, a fim de conceber um sistema de recomendação eficiente que tenha um melhor desempenho do que os sistemas baseados apenas na utilização da Web, conseguindo assim uma melhoria substancial do desempenho do sistema de recomendação.

1.4.1 Sistemas de recomendação baseados em mineração de utilização da Web semântica como área de investigação

Atualmente, a extração de dados de utilização da Web está a ser explorada em todos os domínios da Web. O termo Web Intelligence [26] foi corretamente cunhado pelos investigadores para identificar a importância da extração de dados da Web, de modo a produzir sistemas inteligentes que possam oferecer serviços personalizados, aprendendo com a informação extraída e fazendo previsões em conformidade. O exemplo mais adequado de Web Intelligence são os sistemas de recomendação na Web, que são capazes de tomar decisões e oferecer recomendações sobre produtos, serviços ou páginas Web aos utilizadores de forma personalizada.

O aspeto semântico do sítio Web é coberto pela construção de uma base de conhecimentos de domínio para o sítio Web que contém as informações de conteúdo sobre as páginas Web no sítio Web e é capaz de fornecer recomendações mais eficientes ao utilizador. A informação representada na ontologia de domínio é utilizada juntamente com um algoritmo de extração de utilização da Web para gerar um conjunto de páginas Web recomendadas. Este algoritmo permite obter um melhor desempenho em termos de precisão e de recuperação.

As várias limitações das abordagens tradicionais foram mencionadas na secção anterior. No entanto, estes problemas podem ser generalizados e categorizados em duas grandes categorias. As duas principais lacunas dos sistemas de recomendação tradicionais são o facto de poderem apresentar recomendações irrelevantes ou não apresentarem quaisquer recomendações. No primeiro caso, os resultados são irrelevantes, não dando qualquer apoio ao utilizador e prejudicando a qualidade da navegação ao oferecer recomendações erradas. No segundo caso, em que não há recomendações, a própria essência dos sistemas de recomendação falha, ou seja, o sistema falha e deixa de poder oferecer recomendações ao utilizador. Ambos os casos foram analisados da seguinte forma:

1. Recomendações irrelevantes

Novo utilizador: acontece quando o utilizador é novo no sítio Web e não tem qualquer histórico de navegação no sítio Web que está a visitar. Isto significa que o sistema de recomendação tenta obter previsões para o utilizador fazendo corresponder as informações do seu perfil com as informações do perfil (filtragem baseada no conteúdo) dos utilizadores existentes do sítio web com base em aspectos como o mesmo sexo, a mesma idade, a mesma localização geográfica, etc., e oferecendo-lhe depois as páginas web com base nos fluxos de cliques dos utilizadores semelhantes. Ou seja, o sistema de recomendação tenta oferecer-lhe previsões como as que teria oferecido aos utilizadores existentes de natureza semelhante. Isto pode levar a recomendações incorrectas, uma vez que os interesses do utilizador podem ser diferentes, apesar de ter os mesmos atributos, como o mesmo sexo e a mesma idade, etc. Também para o novo utilizador, se o sistema tentar calcular a semelhança com outros utilizadores com base nos interesses (filtragem colaborativa), surge o problema de acomodar um grande número de utilizadores, pelo que o cálculo da semelhança para cada novo utilizador é uma limitação prática, sendo necessária uma técnica de generalização que possa ser aplicada a todos os utilizadores novos e existentes.

2. Nenhuma recomendação

Problema da nova página [27] : Este é o principal problema que não foi tratado por nenhuma das duas abordagens tradicionais. No caso de sítios Web de grandes dimensões, isto acontece quando um utilizador visita uma página Web que não foi visitada anteriormente por ninguém, nem por outros utilizadores, nem por ele próprio. Por conseguinte, nenhum sistema de recomendação baseado na prospeção da utilização da Web (seja qual for a abordagem) pode oferecer quaisquer recomendações, nem mesmo num período de tempo infinito. Isto acontece porque o sistema não consegue encontrar nenhuma sequência de cliques nos registos da Web que contenha essa página Web específica em que o utilizador se encontra, o que, por sua vez, significa que não consegue encontrar nenhuma página Web que tenha sido visitada depois dessa página, o que leva a que o sistema de recomendação não consiga oferecer qualquer tipo de previsão de páginas Web ao utilizador.

Os sistemas modernos de recomendação constituem uma solução para os problemas dos sistemas tradicionais: Os sistemas modernos de recomendação oferecem soluções para os problemas acima referidos. O problema da nova página é resolvido através da incorporação do conhecimento do domínio do sítio Web nos dados do registo da Web. O outro problema, o problema do novo utilizador, é resolvido através da utilização da semelhança dos utilizadores como um recurso para prever os interesses dos novos utilizadores.

As recomendações resultantes são mais precisas e mais relevantes no que diz respeito aos interesses dos utilizadores. Além disso, o problema da nova página foi completamente resolvido. O desempenho dos sistemas de recomendação é medido utilizando a precisão e a satisfação como os dois parâmetros de veredito, sendo a precisão definida como o número de recomendações corretas/número total de recomendações. A satisfação é definida como o número de recomendações acedidas/número total de recomendações. Os sistemas de recomendação modernos têm um desempenho consideravelmente bom em comparação com os sistemas tradicionais devido ao facto de serem enriquecidos semanticamente.

1.5 Objectivos da investigação

Os principais objectivos deste trabalho são:

- Propor um sistema de recomendação eficiente para a recomendação de páginas Web com base no conhecimento do domínio e nos dados de utilização da Web.

- Identificar interesses ocultos do utilizador, inferindo as visitas a páginas Web ocultas e os pedidos de servidores proxy que, de outro modo, são ignorados pela maioria das abordagens.

- Melhorar o desempenho dos sistemas de recomendação em termos de precisão e satisfação do que as abordagens conhecidas.

1.6 Organização do conteúdo

- *O capítulo 1* apresenta uma introdução pormenorizada à prospeção de dados, à prospeção da Web, à utilização da Web, aos sistemas de recomendação e aos sistemas de recomendação baseados na semântica.

- *O capítulo 2* apresenta o levantamento bibliográfico sobre as técnicas existentes na extração de dados de utilização da Web e nos sistemas de recomendação semântica

- *O capítulo 3* apresenta a metodologia proposta e as definições de todos os métodos e parâmetros utilizados neste trabalho.

- *O capítulo 4* apresenta a aplicação da metodologia proposta

- *O capítulo 5* contém os resultados e as discussões.

- *O capítulo 6* contém as conclusões e o âmbito do trabalho futuro

- *O capítulo 7* enumera as referências

CAPÍTULO 2

PESQUISA BIBLIOGRÁFICA

2.1 Métodos de extração do uso da Web

Existem vários métodos que representam abordagens frequentemente utilizadas na literatura sobre a extração de dados de utilização da Web, como a descoberta de regras de associação, a classificação, a agregação, os padrões sequenciais, etc.

- **Classificação:** Trata-se de um processo baseado na aprendizagem supervisionada, uma vez que a aprendizagem é efectuada atribuindo as instâncias às várias classes dos dados que constituem os dados de treino. Os itens de dados são mapeados para uma das diferentes classes predefinidas. É efectuada por algoritmos de aprendizagem indutiva, como classificadores bayesianos ingénuos, classificadores de árvores de decisão, máquinas de vectores de apoio, etc. [28].

- **Descoberta de regras de associação:** Estas técnicas são utilizadas quando os registos da Web contêm a transação de um conjunto de itens. Na maior parte dos casos, são utilizados algoritmos Apriori que identificam os conjuntos de itens mais frequentes e requerem a realização de múltiplas pesquisas na base de dados. Para cada iteração i, produz conjuntos de itens de dimensão i, designados por conjuntos de itens candidatos, combinando o comprimento do conjunto de itens frequentes com ele próprio, seguido da eliminação dos candidatos que têm subsequências pouco frequentes [29].

- **Técnica de extração de padrões sequenciais:** Os padrões sequenciais são utilizados para encontrar padrões entre sessões de uma forma ordenada no tempo, uma vez que o conjunto de itens é subsequentemente precedido por outro item. Existem métodos baseados em sequências de um único elemento que são adequados para sequências de navegação em páginas Web, como a árvore WAP e a árvore PLWAP [30]. A extração da árvore de padrões de acesso à Web (WAP-Iree), na primeira fase, efectua a análise da base de dados de percursos de cliques e constrói uma pequena árvore de prefixos que armazena a base de dados de sequências de páginas Web. Durante a segunda fase, este algoritmo utiliza a árvore WAP para extrair sequências que aparecem frequentemente na árvore WAP. Este processo reconstrói recursivamente árvores intermédias que começam com as sequências de sufixos e terminam com as sequências de prefixos. Outra técnica atribui um código de posição a cada nó da árvore. O código é um código de posição binário único de todos os seus antepassados na árvore binária equivalente. Este algoritmo constrói as ligações da árvore de forma pré-ordenada, ao contrário da ordem em que os nós aparecem, e é designado por Árvore de Padrões de Acesso à Web Ligada por Pré-Ordem (PLWAP)

- **Técnicas não-Apriori**: As técnicas não-Apriori utilizam árvores de crescimento de padrões e, por conseguinte, demoram menos tempo porque não é necessário gerar candidatos. Inicialmente, constroem as árvores condicionais compactas e preenchem-nas com conjuntos de itens frequentes, percorrendo a base de dados original no máximo duas vezes. Em seguida, a extração das árvores é feita utilizando o método de divisão e conquista e os conjuntos de itens frequentes são identificados.

- **Agrupamento**: Os utilizadores com padrões de navegação semelhantes são agrupados num único grupo. A aplicação mais importante desta técnica é no comércio eletrónico, onde a segmentação do mercado é necessária para inferir a demografia dos utilizadores e poder oferecer conteúdo Web personalizado nas páginas Web [31].

- **Regras de associação negativas:** Yang Bin et al. em [32] aplicaram regras de associação negativas para descobrir padrões de visitantes da Web. As regras de associação negativas são utilizadas para ultrapassar as deficiências em que as regras positivas têm de ser referidas.

- **Agrupamento baseado em formigas**. KobraEtminani et al. em [33] aplicaram a abordagem de agregação baseada em formigas para o pré-processamento de dados de registos da Web, a fim de extrair e identificar padrões frequentes para análise.

- **Rede neural**: Trata-se de um novo método, como o crescimento de gás neural, para identificar os padrões de navegação na Web do utilizador. Os mapas auto-organizáveis (SOM) baseiam-se nos mapas de Kohenen e são a melhor ilustração das redes neurais baseadas na aprendizagem competitiva. O SOM fornece uma técnica de visualização de dados que ajuda a reduzir a dimensionalidade dos dados e efectua a agregação agrupando os dados semelhantes.

- **Algoritmos genéricos de extração de dados**: Existem alguns algoritmos genéricos para a extração de padrões frequentes na Web que são mais frequentemente utilizados. Alguns destes algoritmos incluem a descoberta de padrões sequenciais utilizando classes de equivalência (SPADE) [34], Apriori5 Frequent Pattern-Projected Sequential Pattern mining (FreeSpan).

- **Modelos de Markov**: Os estados correspondem às páginas web visitadas e as arestas correspondem às probabilidades de transição, ou seja, a probabilidade de passar para um estado dado o estado atual. O modelo de Markov prevê o único estado seguinte, quando é dado um conjunto de k estados previamente visitados. Prevê a próxima página Web mais provável de ser visitada, dada a sequência de cliques atual do utilizador, comparando-a com as suas sequências de cliques históricas. Além disso, o modelo de Markov também ajuda a modelar e, posteriormente, a analisar os padrões de acesso à Web [35].

- **Modelos de Markov ocultos:** É uma extensão do modelo de Markov. A diferença é que aqui temos duas cadeias - uma é oculta e a outra é observada. Os estados ocultos referem-se ao caminho do estado subjacente que é visitado. A cadeia observada refere-se às páginas web visitadas pelo utilizador, uma após a outra [36].

2.2 Métodos de extração do uso da Web semântica

- **2000:**A abordagem de [37] utiliza o algoritmo Apriori [38] e a técnica CBA-RG. Para cada utilizador, encontra N regras de associação mantendo fixa a confiança mínima e aplicando os valores mínimos de apoio para escolher N regras de associação. Isto permitiu a geração de recomendações para utilizadores com interesses pouco comuns. A desvantagem é que, ao aplicar o suporte mínimo, ocorre uma perda de qualidade que dá origem a algumas recomendações irrelevantes.

- **2007:**Outra abordagem híbrida combinou a similaridade semântica e aplicou a filtragem colaborativa para oferecer recomendações em sistemas de recomendação. A modelação dos perfis dos utilizadores é feita como um conjunto de triplas <Goal, Constraint, Preference> cujos valores e pesos dos atributos têm de ser extraídos do histórico de navegação dos clientes antes de serem utilizados no processo de geração de recomendações. Objetivo é o que um utilizador procura, Restrição são as condições que um utilizador especifica que devem ser satisfeitas pelos objectivos e Preferência significa as preferências dos utilizadores em diferentes dimensões dos objectivos. A modelação do perfil do utilizador desempenha um papel fundamental nos sistemas de recomendação. [39].

- **2007:** Foram propostas muitas abordagens para os sistemas de recomendação que utilizam regras de associação para calcular as recomendações. Por exemplo, os autores de [40] utilizaram a técnica de discretização para as classificações dos utilizadores e depois calcularam a classificação média dada pelo utilizador. Os conjuntos de itens frequentes são depois calculados e é utilizado um gráfico acíclico para armazenar as regras de associação personalizadas extraídas para o utilizador

- **2007:**Os algoritmos de agrupamento têm sido normalmente aplicados, incluindo o agrupamento hierárquico, o agrupamento por partição, o agrupamento bayesiano simples e o agrupamento por K Nearest Neighbors [41]. Cada algoritmo tem as suas vantagens e desvantagens, mas os métodos de agrupamento acima mencionados não têm em consideração a semântica da sessão do utilizador [42].

- **2009:** a informação semântica foi combinada com a extração da utilização da Web e o algoritmo Spade (Sequential Association Rule Mining Algorithm) foi aplicado para gerar uma lista recomendada de páginas Web [43].

- **2010:** Foi proposto um sistema de recomendação colaborativo e semântico independente do domínio que utiliza módulos distintos e complementares. A abordagem visa os utilizadores e baseia-se em: (i) um módulo colaborativo baseado em regras de associação para extrair um conjunto de regras para o utilizador-alvo, (ii) um módulo semântico baseado na ontologia do domínio para encontrar raciocínios sobre os itens, (iii) um módulo de frequência baseado na frequência das caraterísticas dos itens para descobrir itens adicionais a recomendar [44].

- **2011:**Foi aplicado o algoritmo K-nearest neighbor para agrupar utilizadores com interesses semelhantes. As sessões dos utilizadores são representadas como preferências de páginas Web e posteriormente mapeadas em preferências semânticas. O algoritmo K means foi aplicado iterativamente para refinar o agrupamento de utilizadores [45].

- **2011:** o registo Web e a informação semântica foram combinados e o algoritmo LCS foi implementado para gerar um conjunto de recomendações [46]. LCS refere-se a Longest Common Subsequence (sequência mais longa comum). Os utilizadores são agrupados com base nas subsequências comuns nos seus percursos de navegação. Para um determinado utilizador, a maior semelhança com outro utilizador será aquele com quem existe uma sequência comum mais longa em termos de percurso de navegação das páginas Web visitadas.

- **2014:**As regras de associação no WUM descrevem as relações entre duas ou mais páginas Web. O uso da Web foi extraído usando a mineração de regras de associação para gerar páginas recomendadas e os resultados são refinados usando o modelo semântico para produzir recomendações personalizadas [47]. As regras de associação são geradas através da análise do conjunto de dados de treino e, uma vez estabelecidas as relações, as mesmas regras são utilizadas como referência para inferir relações a partir do conjunto de dados de teste.

- **2014:**A utilização da Web foi extraída utilizando o modelo de Markov com registos de utilização da Web e informações semânticas através da construção de uma ontologia de domínio e da criação de uma lista de páginas Web recomendadas. Foi proposto um modelo de previsão concetual baseado no modelo de Markov para gerar automaticamente uma rede semântica ponderada de termos frequentemente vistos, sendo o peso a probabilidade de transição entre dois termos adjacentes [35]. O modelo de Markov utiliza o conceito de cadeias de Markov. A cadeia de Markov é a estrutura ligada de uma página Web a outra, com probabilidades de transição atribuídas a cada ligação da estrutura. As páginas Web são designadas por estados. Para um determinado estado, os estados atual e anterior são analisados de modo a prever as próximas páginas Web a serem visitadas.

- **2014:** A filtragem colaborativa e os sistemas baseados em conteúdo são as abordagens mais utilizadas nos sistemas de recomendação. A filtragem colaborativa oferece recomendações apenas com base nas opiniões expressas/postadas para outros itens e não considera os tipos de itens ou os atributos dos itens. A filtragem baseada no conteúdo utiliza esta informação, ou seja, a informação sobre os itens e os seus atributos, para fazer recomendações [48]. Os sistemas de filtragem colaborativa podem oferecer serviços personalizados com o objetivo de prever o interesse de um utilizador em qualquer produto ou serviço (como cursos, notas, referências, ligações, etc., para um sítio Web de aprendizagem eletrónica). A abordagem de filtragem baseada no conteúdo faz recomendações através da análise do conteúdo da informação e da correspondência de palavras-chave ou classificações.

- **2014:**Foi proposto outro método eficaz para integrar o conhecimento do domínio e o conhecimento da utilização da Web de um sítio Web através da semântica para sistemas de recomendação baseados na semântica. É construída uma hierarquia semântica utilizando os registos da Web e o conhecimento do domínio. Esta hierarquia representa o conhecimento de utilização e o conhecimento do domínio de uma forma integrada. Há duas fases neste modelo: a primeira é a geração de conhecimento do domínio para o sítio Web; a segunda é a geração de mapeamentos entre páginas Web e termos do domínio com base na utilização por um determinado utilizador. Em seguida, a estratégia de recomendação para recomendar páginas Web dinamicamente é aplicada a esta representação de conhecimento semanticamente melhorada [49].

2.3 Lacunas na literatura existente

Têm sido realizados trabalhos sobre os sistemas de recomendação da Web baseados na semântica, através dos quais foram utilizados algoritmos como cadeias de Markov, redes neuronais, agregação, regras de associação, filtragem colaborativa, etc. Estes algoritmos podem prever eficazmente as páginas Web que estão diretamente armazenadas nas sequências de acesso à Web nos dados de registo dos sítios Web. Mas não são capazes de identificar os estados intermédios que o utilizador visita durante a transição de uma página para outra. O estado oculto refere-se aqui às páginas intermédias que foram utilizadas apenas para reencaminhamento e nas quais o utilizador não permaneceu tempo suficiente para que fosse descoberto como um estado na sessão do utilizador. Além disso, os pedidos de páginas Web ocultas provenientes de servidores proxy não são armazenados nos servidores de registo Web dos navegadores. Durante a transição de uma página Web para outra, são visitadas algumas páginas intermédias que são apenas as páginas Web de reencaminhamento, ou seja, o utilizador não passa tempo suficiente nessas páginas Web para as qualificar para serem armazenadas nos registos do servidor. Há muitos dados com bits de erro, tais dados são preenchidos com valores por defeito. Estes dados são designados por dados em falta. Os registos Web disponíveis em linha não contêm esses dados ocultos, mas os enormes dados da Web nos registos Web são, na sua maioria, dados em falta. Os dados em falta são ignorados ao dar recomendações que não são diretamente captadas nos registos Web.

Os dados em falta devem-se ao congestionamento do tráfego. Devido ao congestionamento do tráfego, alguns dados são dados com bits de erro. Assim, a totalidade dos dados não está disponível nos registos Web. Esses dados são designados por dados em falta. Como os sistemas existentes não conseguem descobrir os dados ocultos, a precisão e os resultados de satisfação destes sistemas podem ser melhorados se os interesses ocultos do utilizador forem captados.

Para ultrapassar esta limitação, foi proposto neste trabalho um modelo de Markov oculto para calcular as probabilidades de transição de um estado (página Web) para outro, tendo em conta os estados ocultos intermédios, a fim de melhorar o desempenho do sistema em termos de precisão e satisfação. O modelo de Markov oculto é capaz de identificar e captar os estados ocultos que, de outra forma, não existiam nos registos da Web. Assim, ao prever as próximas páginas Web a visitar, se estas páginas Web ocultas forem tidas em conta, as previsões são mais exactas porque os interesses ocultos foram captados.

CAPÍTULO 3

METODOLOGIA

3.1 Trabalho proposto

Este trabalho implementa um sistema de recomendação de páginas Web que se baseia na extração tradicional da utilização da Web e no conhecimento semântico do sítio Web. O conhecimento semântico do sítio Web foi capturado utilizando os títulos das páginas Web, porque os nomes dos títulos são indicativos do conteúdo da página Web, por exemplo, no sítio Web da Microsoft, a página de apoio ao utilizador do MS Word tem o nome de www.microsoft.com/wordsupport, pelo que os termos de domínio extraídos são word e support. Este conhecimento é extraído e representado numa rede denominada rede de termos de domínio (TermNet), que representa as relações entre os termos de domínio extraídos e as páginas Web que lhes correspondem. O modelo de previsão concetual [27] é desenvolvido e aplicado na base semântica (ou seja, na rede de termos do domínio) para prever as próximas páginas Web a visitar, utilizando o modelo de Markov oculto e calculando as probabilidades de transição de um estado para outro. O desempenho do sistema é medido em termos de precisão e satisfação. O modelo de Markov oculto prevê os estados ocultos que, de outro modo, não podem ser detectados pelas cadeias de Markov. O HMM aplicado ao conhecimento do domínio combinado com os dados de utilização da Web cria um sistema de recomendação eficaz.

3.1.1 Modelo de Markov

O modelo de Markov oculto é uma extensão do modelo de Markov. O modelo de Markov contém uma sequência de estados e os valores do estado seguinte dependem do estado atual. O nosso objetivo é inferir qual será a próxima página Web "a ser visitada" (próximo estado), tendo em conta a página Web atual (estado) e a sequência de páginas Web visitadas anteriormente.

O Modelo de Markov é composto por uma cadeia de estados representada como:

Al A7 A4 Al A3 A7 A9 Al A8

Esta é a sequência de estados dada para um determinado utilizador, qual será o estado seguinte? Assim, o estado seguinte que será visitado depende do estado atual, ou seja, A8. No contexto das páginas Web, o estado refere-se a páginas Web e a cadeia é constituída por uma sequência de páginas Web designadas por sequências de acesso à Web. Analisam-se várias dessas sequências de acesso à Web e calcula-se a probabilidade de transição entre cada par de páginas Web.

A probabilidade de transição é calculada como:

$$P(A_j, A_k) = count(A_j \rightarrow A_k) / count(A_j) \quad (1)$$

Em que P(Aj, A_k) representa a probabilidade de visitar a página Web A_k dada a página Web atual Aj na cadeia de Markov. Esta probabilidade é o rácio entre o número de vezes que a transição de Aj para A_k foi feita nas sequências de acesso à Web existentes e o número de vezes que a página Web Aj foi visitada pelo utilizador nas sequências anteriores. Para um determinado utilizador, todas as sequências de acesso à Web que contêm Aj são amostradas para contar as transições entre a página Web Aj e A_k .

3.1.2 Modelo de Markov Oculto (HMM)

Um HMM é composto por duas cadeias de Markov, uma das quais está oculta e não é diretamente visível. A sequência óbvia observada de páginas Web visitadas pelo utilizador (páginas Web que são capturadas nos servidores de registo Web do sítio Web) representa a cadeia de Markov observada. A sequência de estados ocultos percorrida pelo utilizador na sessão de navegação representa o caminho subjacente do estado oculto, designado por cadeia de Markov oculta. Quando um estado é visitado, é gerada a distribuição da probabilidade de emissão do estado. A distribuição da probabilidade de emissão significa a coleção de vários estados que podem ser visitados a seguir e a probabilidade de visitar cada estado. Depois, de acordo com a probabilidade de transição, o estado seguinte que tem a maior probabilidade de transição é escolhido para ser o estado seguinte a ser visitado. O caminho do estado é uma cadeia de Markov, o que significa que o estado para o qual vamos a seguir depende apenas do estado em que nos encontramos. Uma vez que apenas nos é dada a sequência observada, o caminho do estado oculto subjacente não é visível - estes são estados que gostaríamos de inferir. Este caminho de estado é uma cadeia de Markov oculta [36].

Encontrar o melhor caminho para o estado - Num determinado problema, dada uma sequência, o objetivo é encontrar os estados ocultos. Existem muitos caminhos potenciais que produzem a mesma sequência. O objetivo final é inferir o caminho que tem a maior probabilidade de ocorrência [36].

Modelo oculto de Markov com os interesses dos utilizadores:

- Dado o conjunto de estados Q, é necessário definir um nó de início virtual q_{start} e um nó final q_{end}. Estes são considerados nós de estado no HMM, de modo a que as navegações de todos os utilizadores comecem em $q\ r_{stat}$ e terminem $_{emqend.}$
- Existe um conjunto de símbolos $\varphi = \{k_1 , k_2 ,... k_M \}$.A probabilidade de transição de duas

páginas adjacentes é representada da seguinte forma:

$$P(q \to q') = \frac{count\,(q \to q')}{count\,(q)} \quad (2)$$

Em que $q \to q$ significa que os estados q e q estão diretamente ligados por uma ligação e *count*($q \to q$) é igual ao número de transacções em que os utilizadores acederam ao estado q' depois de q durante a navegação. A *contagem (q)* é o número de sequências de acesso de utilizadores que contêm o estado q.

- Em cada nó ou estado q', os utilizadores têm uma distribuição de probabilidade $P(k_i \mid q)$ (para i=l a M) dos interesses dos utilizadores no conjunto de palavras-chave $\varphi = \{k_1, k_2, \ldots k_M\}$ como:

$$P(k_i|q') = \frac{\sum_{u=1}^{N} P^u(q',k_i)}{\sum_{u=1}^{N} \sum_{m=1}^{M} P^u(q',k_m)} \quad (3)$$

No conjunto de dados que foi utilizado para a experiência, ou seja, os dados do registo Web da Microsoft contêm 38000 utilizadores, ou seja, o valor de N=38000, ou seja, u=l a 38000; o conjunto de palavras-chave contém termos de domínio extraídos de todas as páginas Web do sítio Web viz. word, support, home, access, excel, office, sql, etc. e o valor de M aqui é igual a 294 porque o número de utilizadores distintos, tal como mencionado no conjunto de dados, é 294 (designado por "vroots"), ou seja, M=294. Assim, aqui, m=l a 294

$P(k_i \mid q')$ é a distribuição de probabilidades dos interesses do utilizador sobre o conjunto de palavras-chave na base de conhecimentos do domínio. Onde '*u*' denota o utilizador, '*N* denota o número total de utilizadores que visitaram a página q' depois da página q. '*m*' é um identificador de página web, '*M* é o número total de páginas web no domínio.

$P^u(q', k)$ representa o interesse que o utilizador "*u*" (que visita uma página web q') tem na *palavra-chave*k_i , que é calculado como o rácio entre o número de sequências de acesso que contêm q' e que contêm k_i e o número total de sequências de acesso visitadas pelos utilizadores. Assim, $P(q_i, k)$ denota o interesse total de todos os utilizadores (do utilizador $u=l$ ao utilizador $u=N$) na palavra-chave (termo do domínio) k_i quando estão a navegar no sítio web, ou seja, em que medida os utilizadores visitam as páginas web que contêm a palavra-chave k_i nos seus títulos. $P^u(q', k^m)$ é o parâmetro semelhante, mas para todas as palavras-chave k_m em que $m=l$ a $m=M$

3.2 Metodologia

Etapas na construção de sistemas de recomendação baseados na semântica:

- Construção da ontologia de domínio: Nesta fase, os termos do domínio são extraídos das páginas Web utilizando uma estratégia - títulos das páginas Web, metadados, etiquetas HTML, etc. - que pode representar com exatidão a informação contida na página Web. Os títulos das páginas Web são a abordagem mais fácil e mais utilizada para extrair termos do domínio, porque se assume que os títulos das páginas Web são designados de acordo com o conteúdo da página Web e são suficientemente informativos [50].

- Após a extração dos termos do domínio, a hierarquia das relações entre os termos extraídos é desenvolvida utilizando a linguagem da ontologia formal, que consiste em relações [27] do tipo "consiste em", "pertence a", "tem página", "liga a", para desenvolver uma hierarquia gráfica dos termos do domínio entre si. Isto é feito com base nas páginas Web, ou seja, na forma como as páginas Web estão relacionadas entre si no sítio Web (as ligações entre as páginas), do mesmo modo que os termos do domínio estão relacionados entre si na ontologia do domínio.

- Dados de utilização da Web: Esta é a segunda fase do desenvolvimento do sistema de recomendação. Nesta fase, os registos de utilização da Web são explorados para extrair as sessões Web de um determinado utilizador. A sessão Web é definida como o intervalo de tempo durante o qual o utilizador navegou continuamente no sítio Web com hora de início t e hora de fim l. A sessão Web do utilizador é extraída e consiste num número de sequências de páginas Web que foram seguidas pelo utilizador nessa sessão específica.

- Em seguida, as sequências de páginas Web são analisadas uma após a outra, observando os seus títulos que são contentores de termos de domínio extraídos na fase 1. Os títulos são escolhidos com base na sua frequência de ocorrência nos dados de utilização da Web. As sequências de termos de domínio são extraídas das sessões Web.

- As sequências de termos do domínio, uma vez extraídas, são depois mapeadas para as páginas Web através da aplicação de um algoritmo que mapeia as sequências de termos do domínio para as páginas Web. Isto é feito página a página da seguinte forma:

Para cada página Web

{

Para cada sequência de termos

Para cada termo da sequência

{

Se a página Web contiver esse termo

{

Incrementa a contagem de termos para essa página Web e passa para o termo seguinte }

Caso contrário, a sequência completa de termos ocorre na página Web

{

Mapear essa sequência de termos para a página Web e passar para a sequência de termos seguinte

Passar para a sequência de termos seguinte }

Passar para a página Web seguinte.

}

- Em seguida, para cada par de páginas Web, são identificados os termos comuns e são atribuídos pesos a cada par de páginas Web no gráfico. Quanto maior for o número de termos comuns, maior será o peso desse par de páginas Web. Este processo gera a rede semanticamente melhorada de páginas Web e a relação entre os termos do domínio e as páginas Web também é estabelecida. As sequências de páginas Web que têm mais pesos serão armazenadas na base de conhecimentos.

- Recomendação de páginas Web: A página Web atual em que o utilizador se encontra, as páginas Web visitadas anteriormente antes da página Web atual e as sequências de páginas Web extraídas da fase 2 são tomadas em conjunto como entrada. As sequências são comparadas com a ontologia de domínio construída na fase 1. São consideradas as ligações mais ponderadas que surgem nas sequências emparelhadas. A posição da página Web atual no caminho ponderado das ligações selecionadas a partir da ontologia de domínio é identificada. Agora, a partir desta posição, são analisadas no grafo (ontologia de domínio) as várias ligações desta posição atual para os diferentes termos com os quais está relacionada na ontologia de domínio, sendo escolhida a ligação com o peso mais elevado. O termo que liga esta ligação de maior peso é escolhido como a próxima página Web a ser visitada e é recomendado ao utilizador.

O algoritmo formal é o seguinte:

1. Carregar o conjunto de dados [51].

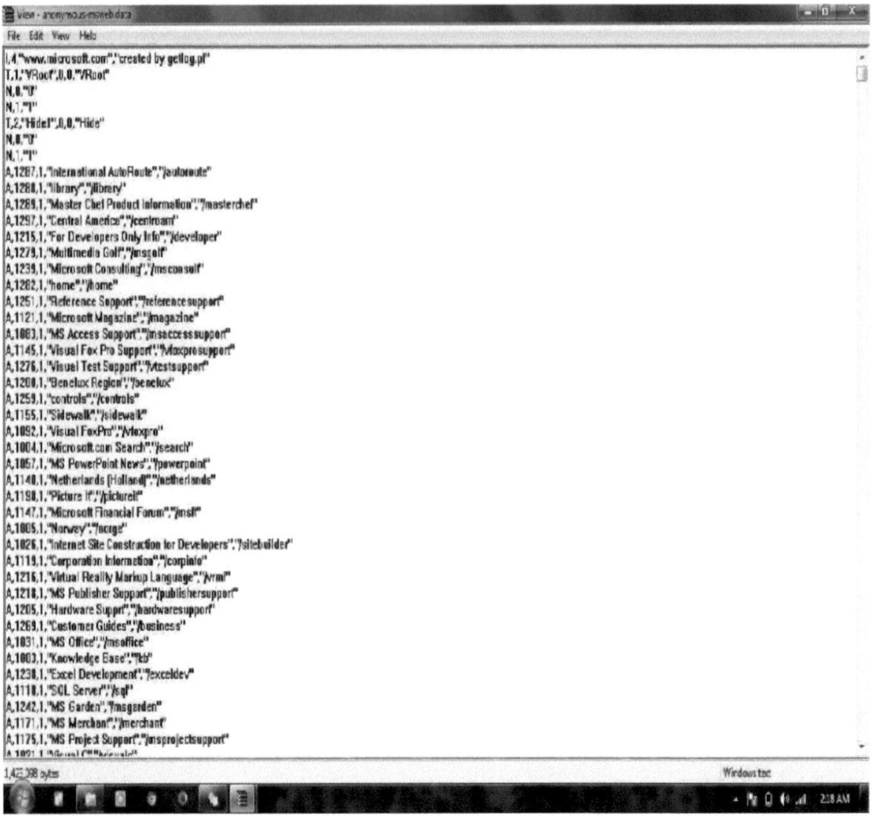

Figura 2. Instantâneo dos dados do registo Web da Microsoft

Estes dados foram retirados dos registos Web da Microsoft. "A" significa diferentes entradas no conjunto de dados, "A" indica que se trata de uma página Web visitada por um utilizador, representa as diferentes páginas visitadas pelos utilizadores, o número seguido de "A" representa a identificação da página, o texto representa os títulos das páginas Web a partir dos quais são extraídos os termos do domínio, seguidos do caminho ou do URL dessa página.

View - anonymous-msweb.data

File Edit View Help

```
A,1030,1,"Windows NT Server","/ntserver"
A,1182,1,"Fortran","/fortran"
A,1100,1,"MS in Education","/education"
A,1210,1,"SNA Support","/snasupport"
C,"10001",10001
V,1000,1
V,1001,1
V,1002,1
C,"10002",10002
V,1001,1
V,1003,1
C,"10003",10003
V,1001,1
V,1003,1
V,1004,1
C,"10004",10004
V,1005,1
C,"10005",10005
V,1006,1
C,"10006",10006
V,1003,1
V,1004,1
C,"10007",10007
V,1007,1
C,"10008",10008
V,1004,1
C,"10009",10009
V,1008,1
V,1009,1
C,"10010",10010
V,1010,1
V,1000,1
V,1011,1
V,1012,1
V,1013,1
V,1014,1
C,"10011",10011
V,1015,1
V,1016,1
V,1017,1
V,1018,1
V,1019,1
C,"10012",10012
V,1020,1
```

1,423,098 bytes Windows text

Figura 3. Instantâneo dos dados do registo Web da Microsoft

"C" significa diferentes utilizadores. Para cada "C", existe um conjunto de "V", que representa o percurso de navegação seguido por cada utilizador.

C,"10196",10196

V,1017,1

V,1004,1

V,1036,1

V,1083,1

V,1037,1

V,1145,1

Para o conjunto de dados em causa, este C representa o ID do utilizador que visitou as páginas Web do conjunto de dados de amostra em causa. O ID do utilizador é 10196, e o caminho de navegação seguido por este utilizador é a página web 1017 ->1004÷1036÷1083÷1037÷1145. O conjunto de dados de amostra para esta sequência de páginas Web feita pelo utilizador 10196 é:

Tabela ! Conjunto de dados de amostra retirado como subconjunto do conjunto de dados da Microsoft [51]

Página	Título	Caminho
d1	MS Word	/msword
d2	Suporte do MS Word	/mswordsupport
d3	MS Access	/msaccess
d4	Suporte MS Access	/suporte de acesso
d5	Mestrado em Educação	/educação
d6	Suporte ao Visual Fox Pro	/vfoxprosupport

2. Extrair termos de domínio dos títulos das páginas Web.

Os termos do domínio são extraídos dos títulos das páginas Web, por exemplo, de uma página Web como A,1083,1, "MS Access Support",7msaccesssupport" os termos do domínio extraídos são "access" e "supporf'.como sequências de termos. Por exemplo, algumas sequências de termos extraídas dos títulos do exemplo do sítio Web da MS na Tabela são ("MS" "Word"); ("MS" "Word" "Support"); ("MS" "Access"); e ("MS" "Access" "Support"), ("MS" "Education"), e

("Visual" "Fox_Pro" "Support").

3. Mapear as relações entre os termos do domínio e as páginas Web

4. Mapear as sequências de acesso à página Web para sequências de termos de domínio.

Após a extração de todos os termos de domínio de todos os títulos de páginas Web, obtém-se uma coleção de termos de domínio. Em seguida, são identificadas todas as páginas Web com termos de domínio comuns. E todas as páginas Web correspondentes aos termos de domínio são mapeadas para os termos de domínio. As relações entre as páginas Web e os termos do domínio e entre a página Web e a página Web são estabelecidas e o esquema de relações resultante é designado por ontologia do domínio. A ontologia do domínio para o subconjunto representado na tabela é a seguinte

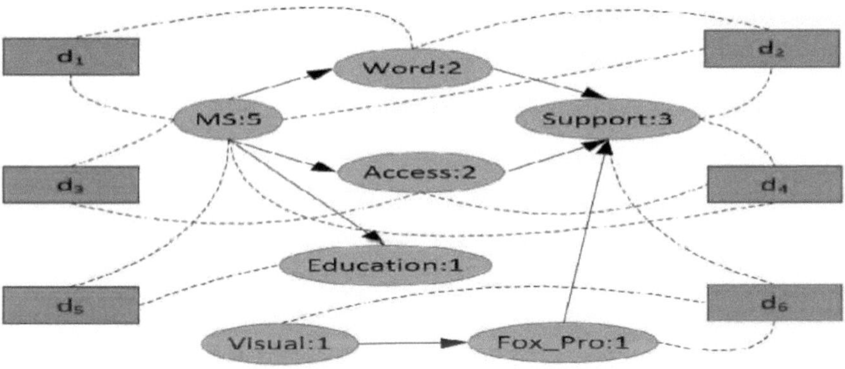

Figura 4. Ontologia de domínio para o subconjunto de dados de amostra (ti:k = termo:ocorrência, dj= página)

5. Utilizando o modelo de Markov oculto, identificar os estados ocultos. O algoritmo é o seguinte:

Descoberta de estados ocultos utilizando HMM

Carregar o conjunto de dados

Calcular as probabilidades de transição entre estados utilizando as equações (4) e (5).

A probabilidade de transição de primeira ordem é definida como a probabilidade de transição do estado

X para o estado y. É calculado da seguinte forma:

$$\rho_{x,y} = \frac{\partial x,y}{\partial x} \qquad (4)$$

A probabilidade de transição de segunda ordem é definida como a probabilidade de transição do estado y para o estado z quando a transição anterior foi do estado x para o estado y. É calculada como

$$\rho_{x,y,z} = \frac{\partial_{x,y,z}}{\partial_{x,y}} \qquad (5)$$

Os campos "C" nos conjuntos de dados correspondentes aos mesmos IDs de página representam o percurso de navegação de um único utilizador, sendo as páginas visitadas uma após outra designadas por transições. Para cada par de páginas Web, o rácio entre o número de vezes que essa transição foi feita e o número total de transições de páginas Web por esse utilizador dá o valor da probabilidade de transição para o par de páginas Web em causa.

Aplicar o Modelo de Markov Oculto para encontrar os estados ocultos e devolver a matriz de transição final com os estados ocultos.

O pseudo-código do algoritmo proposto é o seguinte:

relationIdentifier(recurso,propriedade)

{

vroot = Lista de palavras-chave de vroot, nome de vroot e ID de vroot sessionID = Lista de ID de sessão dos utilizadores das diferentes vroots navigation = Lista de dados de navegação de acordo com todos os ID de sessão do utilizador para cada entrada em navigation{

getClicked = obter a sequência de raízes acedidas pelos utilizadores de acordo com os dados de navegação e de ID da sessão

getHidden = aplicar o HMM para obter as informações de navegação em falta (ocultas)

UpdatedStats = Atualizar os registos do histórico do utilizador com as informações de navegação em falta }

returnupdatedStats

}

A ferramenta utilizada neste trabalho é o Matlab, que fornece uma função incorporada designada por "hmmgenerate" que aplica esta lógica e gera um conjunto de estados ocultos para o conjunto de dados dado como entrada. Esta função gera aleatoriamente os estados ocultos ou as informações de navegação em falta para simular o algoritmo proposto.

6. Gerar uma lista de páginas Web recomendadas para a página Web atual. As páginas Web com maior probabilidade de transição a partir das páginas Web actuais são recomendadas por ordem decrescente.

7. Calcular a precisão e a satisfação com diferentes valores de suporte mínimo:

Precisão= Número de páginas Web corretas recomendadas R_c / Número total de páginas Web recomendadas R [27].

As páginas Web recomendadas corretas são calculadas da seguinte forma

Quando a página Web atual é S_k e a lista de páginas Web recomendadas é {a, b, c, d, e, f, g,

h, i,j}

Se S_{k+1} pertence a {a, b, c, d, e, f, g, h, i, ,j}

{

R =R +l_{cc}

}

R=R+l

Fim.

Satisfação= Número de páginas Web recomendadas satisfeitas/Número total de páginas Web recomendadas [27].

Em que, a página Web recomendada satisfeita é calculada como:

Quando a página Web atual é S_k e a lista de páginas Web recomendadas é {a, b, c, d, e, f, g,h,i,j}.n é o comprimento da recomendação.

SeS_{k+n} (n=2 a lθ) pertence a {a,b, c, d, e, f, g, h,i,j}

{

R =R +l_{ss}

}

R=R+1

Fim.

Suporte mínimo:

O suporte mínimo refere-se ao valor limite para a contagem de ocorrências de uma sequência de acesso à Web, de modo a que esta possa ser qualificada para inclusão no conjunto de sequências de acesso à Web que são tidas em consideração durante todo o processo de recomendação de páginas Web. O suporte mínimo aqui foi considerado 0,3. Se a sequência de acesso à Web aparecer em mais de 30% do número total de sequências no conjunto de dados, é tida em consideração ao percorrer as sequências de acesso à Web durante o cálculo da distribuição de probabilidades. O suporte mínimo tem de ser cuidadosamente escolhido porque os resultados dependem deste valor. Neste trabalho, foram adoptados diferentes valores de apoio mínimo e o desempenho foi avaliado em todos os valores, de 0,3 a ! O apoio mínimo 1 significa que a sequência de acesso à Web aparece 100% do total de sequências de acesso à Web, ou seja, se o conjunto de dados não contiver outras sequências de acesso à Web, mas apenas a sequência em causa.

8. Trace o gráfico que mostra a comparação entre o modelo proposto e um modelo existente que utiliza o modelo de Markov para recomendar as páginas Web.

A comparação foi efectuada com os resultados de um sistema de recomendação existente na Web que utiliza o modelo de Markov [27]. Os valores de precisão e satisfação apresentados nos gráficos do sistema de recomendação existente em [30] foram traçados diretamente no gráfico e os valores obtidos após o cálculo da média dos resultados do sistema proposto foram traçados contra os valores existentes no gráfico para representar a comparação do desempenho. A razão para escolher o sistema baseado no modelo de Markov proposto por Nguyen e Lu [27] para comparação prende-se com o facto de o modelo ter apresentado resultados muito bons para quase todos os valores de apoio mínimo e ter provado ser melhor do que as abordagens semânticas propostas, bem como do que as abordagens tradicionais baseadas na utilização da Web até à data. O sistema existente já foi comparado com a abordagem tradicional baseada no algoritmo de extração da utilização da Web, que utilizou o algoritmo PLWAP, que se encontra entre as melhores abordagens da sua classe para recomendações de páginas Web.

3.3 Procedimento

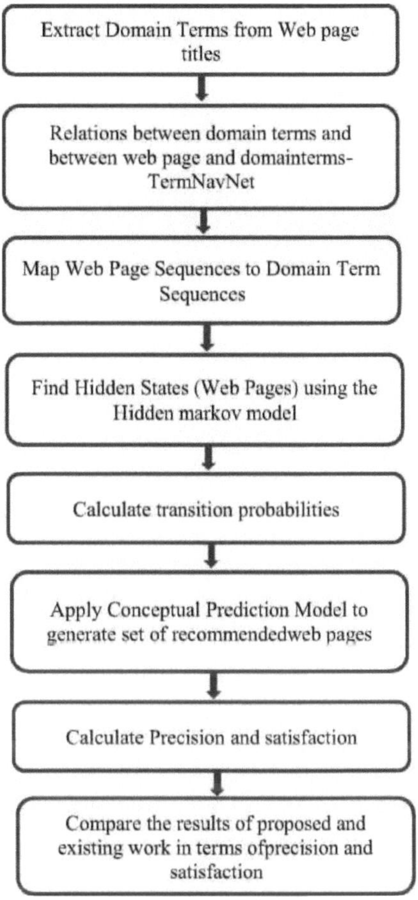

Figura 5. Fluxograma do procedimento

CAPÍTULO 4

IMPLEMENTAÇÃO

4.1 Conceção experimental

O modelo de Markov oculto (HMM) foi utilizado para a engenharia do conhecimento semântico no modelo proposto. O HMM é uma abordagem que navega através dos dados da Web para encontrar os estados ocultos para inferir as categorias de páginas e também os eventos de pedidos observados. A taxonomia e a classificação de páginas resultantes são então utilizadas como modelo concetual para o sítio, ou utilizadas para melhorar um modelo concetual existente. O modelo proposto obtém a categorização significativa das páginas utilizando o modelo de Markov oculto e, por conseguinte, a categorização das páginas é aprendida simultaneamente com a rotulagem do utilizador e as transições entre categorias; e as etiquetas semânticas (como "páginas de desporto") são atribuídas a um estado manualmente.

A implementação do modelo proposto foi efectuada utilizando o simulador MATLAB. Numa primeira fase, o modelo existente foi implementado no simulador MATLAB. Em seguida, o modelo de Markov oculto foi aplicado aos dados semanticamente enriquecidos utilizando a programação MATLAB. O modelo de Markov oculto foi utilizado para a engenharia da base semântica. O modelo proposto foi testado com o conjunto de dados de registo do sítio Web da Microsoft, que regista os dados de informação da página, os dados da sessão do utilizador e a contagem de acessos para cada página do sítio Web. O modelo proposto foi concebido para ir buscar a informação ao conjunto de dados. A política de recolha de informações do conjunto de dados foi concebida para extrair as informações da página, os dados da sessão do utilizador e a contagem de acessos em entradas separadas. Em seguida, os estados ocultos são calculados com base nos dados existentes, utilizando o modelo de Markov oculto (HMM).

4.2 Descrição geral do MATLAB

O MATLAB é um ambiente interativo e uma linguagem de alto nível para computação numérica, programação e visualização. O MATLAB pode ser utilizado para analisar dados, criar modelos e desenvolver algoritmos e aplicações. As ferramentas e as funções matemáticas incorporadas são fornecidas pelo MATLAB, que permite ao utilizador explorar várias abordagens e chegar a uma solução muito mais rapidamente do que com as linguagens de programação tradicionais, como C/C++, Java.O MATLAB é utilizado numa grande variedade de aplicações, incluindo processamento de imagem e vídeo, processamento de sinais e comunicações, teste e medição, sistemas de controlo, biologia computacional, finanças computacionais, etc. O MATLAB é utilizado por milhões de académicos, cientistas e engenheiros na indústria. O MATLAB é também conhecido como a linguagem da computação técnica [52].

4.2.1 Méritos do MATLAB

- Linguagem de alto nível para computação numérica, visualização e desenvolvimento de aplicações
- Ambiente interativo para exploração iterativa, conceção e resolução de problemas
- Funções matemáticas para álgebra linear, estatística, análise de Fourier, filtragem, otimização, integração numérica e resolução de equações diferenciais ordinárias
- Gráficos incorporados para visualizar dados e ferramentas para criar gráficos personalizados
- Ferramentas de desenvolvimento para melhorar a qualidade e a facilidade de manutenção do código e maximizar o desempenho
- Ferramentas para criar aplicações com interfaces gráficas personalizadas
- Funções para integrar algoritmos baseados em MATLAB com aplicações externas e linguagens como C, Java, .NET e MicrosoftExcel.

Noções básicas de ambiente de trabalho

Ao iniciar o MATLAB, a área de trabalho é exibida no layout padrão.

O ambiente de trabalho tem os seguintes painéis:

- Pasta atual

- Aceder aos ficheiros.

- Janela de comando

- Introdução dos comandos na linha de comando, indicada pelo prompt (>>).

- Espaço de trabalho

- Explorar os dados que um utilizador cria ou importa de ficheiros.

Criação de matrizes

Para criar uma matriz de quatro elementos numa única linha, os elementos são separados por vírgula (,) ou espaço, por exemplo, a = [1 2 3 4] é criado como:

a=123 4

Concatenação

Concatenação é o processo de juntar várias matrizes para criar matrizes maiores.

O par de parênteses rectos '[]'é um operador de concatenação.

A = [a,a] concatena a matriz 'a' com ela própria:

A=1 23 1 23

4 564 5 6

7 8 10 7 8 10

Cadeias de caracteres

A cadeia de caracteres é definida como uma sequência de um número de caracteres entre aspas simples. Uma cadeia de caracteres pode ser atribuída a uma variável como:

myText = 'Olá, mundo';

Funções de chamada

O MATLAB fornece aos utilizadores um grande número de funções que executam tarefas computacionais. As funções são semelhantes a subrotinas/métodos noutras linguagens. Para chamar uma função, coloque os argumentos de entrada entre parênteses:

A = [13 5];

max(A)

respostas =5

Gráficos 2-D e 3-D

Gráficos de linhas: Para criar gráficos de linhas bidimensionais, utiliza-se a função plot. Por exemplo, desenhar o valor da função seno de 0 a pi:

x = 0:pi/100:2*pi;

y = sin(x);

plot(x,y);

Rotular os eixos e adicionar um título.

Xlabel('x')

Ylabel('sin(x)')

Título('Gráfico da função seno')

Para adicionar parcelas a uma figura existente, é utilizado o comando "manter".

x = 0:pi/100:2*pi;

y = sin(x);

plot(x,y);

aguardar

y2 = cos(x);

plot(x,y2,':');

legenda('sin','cos');

Subplots

Podem ser apresentados vários gráficos em diferentes sub-regiões da mesma janela Utilizando a função SubplotAs duas primeiras entradas para subplotrepresentam o número de gráficos em cada linha e coluna.A terceira entrada representa qual o gráfico que está ativo. Por exemplo, criar quatro gráficos numa grelha 2 por 2 numa janela de figura é o seguinte.

t = 0:pi/10:2*pi;

[X,Y,Z] = cilindro(4*cos(t));

subplot(2,2,1); mesh(X); title('X');

Programação e Scripts

O tipo mais simples de programa MATLAB é chamado de script. Um script é um ficheiro com uma extensão .me que contém várias linhas sequenciais de chamadas de funções e comandos MATLAB. Um script pode ser executado digitando o seu nome na linha de comando.

Para criar um script, é utilizado o editcommand:

Editarplotrand

Abre um ficheiro em branco com o nome plotrand as:

plotrand.m

Loops e instruções condicionais

Dentro de um script, o looping de secções de código e a execução condicional de secções podem ser feitos utilizando as palavras-chaveswhile, for, if eswitch.

Matrizes e quadrados mágicos

Introduzir MatrizesO Matlab tem uma variedade de funcionalidades para criar e manipular matrizes. As matrizes podem ser introduzidas noMATLAB de diferentes formas:

- Introdução de uma lista explícita de elementos.
- Carregar as matrizes a partir de ficheiros de dados externos.
- Gerar as matrizes utilizando algumas funções incorporadas.
- Criar as matrizes com funções próprias do utilizador e guardá-las em ficheiros.

A entrada de uma matriz requer a introdução de uma lista de elementos. As convenções que devem ser seguidas são as seguintes:

- Separe os elementos de uma linha com espaços em branco ou vírgulas.
- Utilize um ponto e vírgula; para indicar o fim de cada linha.
- Envolva toda a lista de elementos com parênteses rectos.

Hmmgenerar função

A função hmmprofgenerate(Model) devolve a cadeia Sequence que mostra uma sequência de aminoácidos ou nucleótidos extraída do perfil Model. O comprimento, o alfabeto e as probabilidades do modelo são armazenados numa estrutura. A função hmmgenerate é o modelo de markov oculto programado para realinhar os dados e encontrar os estados ocultos, que são devolvidos na matriz de saída dos estados e a nova sequência de dados é devolvida na matriz da sequência.

4.3 Conjunto de dados

O conjunto de dados [51] foi retirado do UCI KDD Archive of datasets e está disponível em http://kdd.ics.uci.edu/summary.data.type.html. Trata-se dos dados de registo do servidor Web do sítio Web da Microsoft. Este conjunto de dados contém 294 áreas designadas por "vroots" no sítio Web da Microsoft. O conjunto de dados foi retirado dos registos do sítio Web da Microsoft [30] através do pré-processamento e da amostragem dos dados de registo. O conjunto de dados contém os dados de utilização de 38000 utilizadores anónimos e aleatórios que visitam o sítio Web. Os "Vroots" correspondem às áreas do sítio Web que cada utilizador visitou no período de uma semana. Os utilizadores são listados através de números de sequência, como, por exemplo,

Utilizador #14789, Utilizador #14999, etc. Não existem informações pessoais identificáveis no ficheiro. As áreas, ou seja, os 294 Vroots são reconhecidos pelo título e pelo URL, como Net show para PowerPoint e "/stream". Cada instância representa um utilizador anónimo aleatório. Cada atributo é uma área que é Vroot do sítio Web.

Valores de atributos em falta: Há muito poucos valores em falta porque os dados são muito esparsos, pelo que as visitas às raízes são explícitas e as não visitas são implícitas (em falta).

4.4 Implementação

A implementação do modelo proposto foi efectuada utilizando o simulador MATLAB. O modelo de Markov oculto é desenvolvido utilizando a programação MATLAB. O modelo de Markov oculto foi utilizado para a engenharia da base semântica. O modelo proposto foi testado com o conjunto de dados de registo do sítio Web da Microsoft, que regista os dados de informação da página, os dados da sessão do utilizador e a contagem de acessos para cada página do sítio Web. O modelo proposto foi concebido para ir buscar a informação ao conjunto de dados. A política de recolha de informações do conjunto de dados foi concebida para extrair as informações da página, os dados da sessão do utilizador e a contagem de acessos em entradas separadas. Em seguida, os estados ocultos foram calculados com base nos dados existentes, utilizando o modelo de Markov oculto (HMM).

CAPÍTULO 5

RESULTADOS E DEBATES

5.1 Análise do conjunto de dados

A Figura 6 mostra a variação da dimensão dos dados nos diferentes tipos de dados semânticos extraídos do conjunto de dados da Microsoft utilizando o modelo proposto. Mostra os tamanhos dos dados deVROOT , dados de sessão e dados de visitante.

O resumo da análise do conjunto de dados é o seguinte:

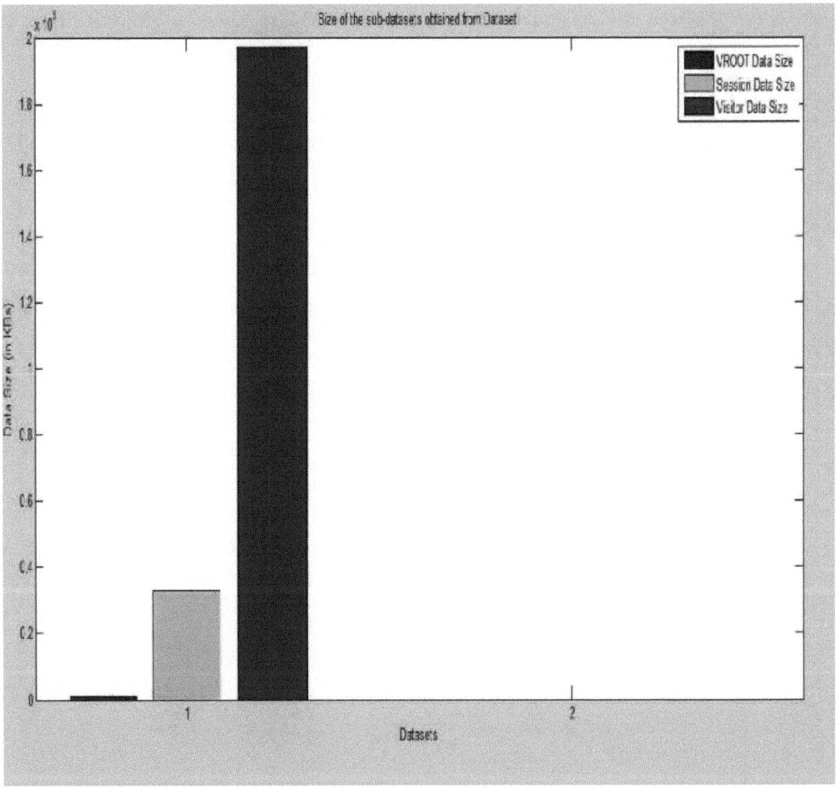

Figura 6. Tamanho dos subconjuntos obtidos a partir do conjunto de dados principal

Análise:

Os dados dos visitantes são a maior parte do conjunto de dados fornecido. Os dados dos visitantes mostram o número de visitantes do sítio Web, a partir do qual o conjunto de dados foi obtido.

- Raízes: As áreas do sítio Web - as categorias
- Dados da sessão: dados correspondentes às sessões do utilizador
- Dados do visitante: os IDs das páginas correspondentes às páginas Web que foram visitadas pelo utilizador.

5.2 Resultados do Estado Oculto

A Figura 7 ilustra os resultados obtidos com a aplicação do HMM que encontra estados ocultos. Apresenta os valores em falta sob a forma de uma matriz. O eixo x e o eixo y mostram os IDs das páginas. Os pontos traçados no gráfico representam os estados ocultos durante a transição entre os dois valores de ID de página correspondentes no eixo x e no eixo y.

Os dados em falta surgem devido ao congestionamento do tráfego ou a dados com bits de erro, em que os dados no seu conjunto não estão disponíveis para serem armazenados no registo Web. Esses dados são preenchidos com os valores por defeito nas consultas à base de dados e considerados como dados em falta. O registo da Web obtido a partir da fonte em linha não contém o valor em falta, mas, caso contrário, os enormes dados do registo da Web são registados com vários pontos em falta. Os dados ocultos representam as páginas programadas com a função de navegação automática para cada acesso ou acesso específico, pelo que permanecem invisíveis para os utilizadores. O modelo proposto foi concebido para estudar a acessibilidade da Web ou a utilização da Web, tendo também em conta esses recursos em linha invisíveis.

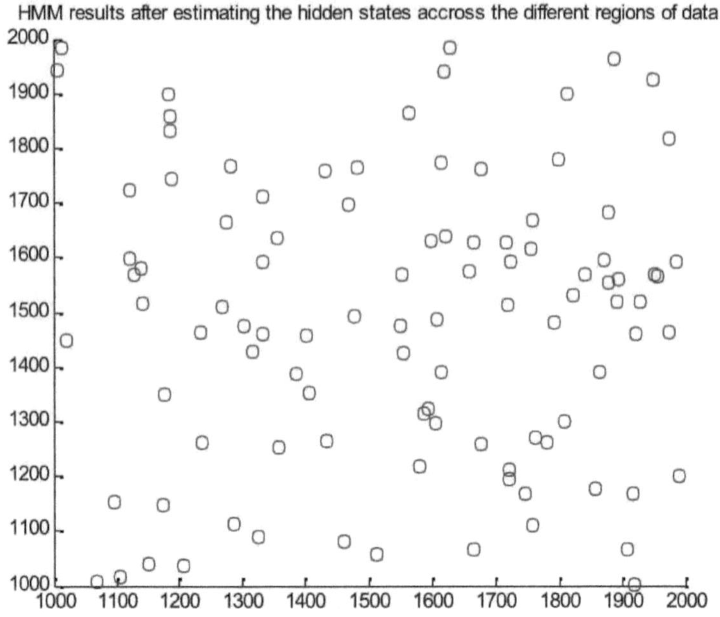

Figura 7. Gráfico das ligações de navegação ocultas (estados ocultos) após a realização do HMM de ordem 2 nd

A figura descreve os dados do estado oculto encontrados utilizando o modelo HMM para a extração de termos de domínio para a exploração da utilização da Web. O simulador Matlab tem uma função incorporada chamada "hmmgenerate" que gera um número de estados ocultos dado o conjunto de dados como entrada.

5.3 Precisão

O sistema proposto foi posto a funcionar 20 vezes. Os instantâneos (gráficos) de algumas execuções do sistema proposto foram apresentados da seguinte forma:

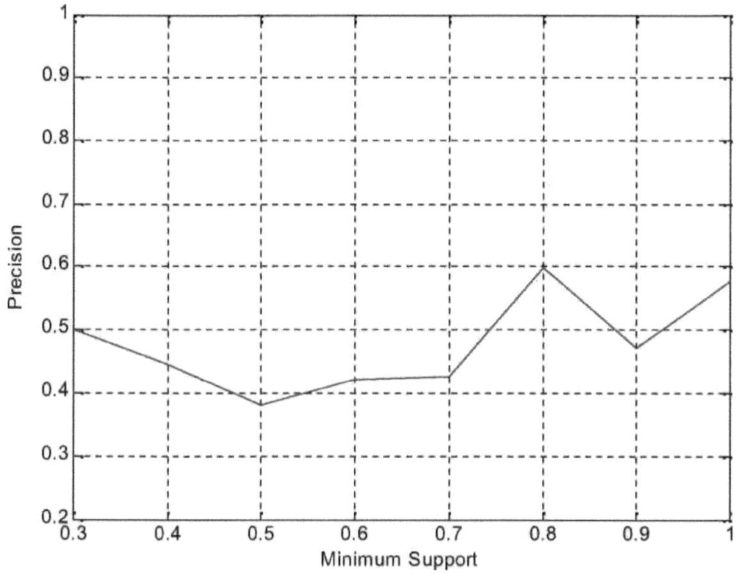

Figura 8: Desempenho de precisão (execução 1)

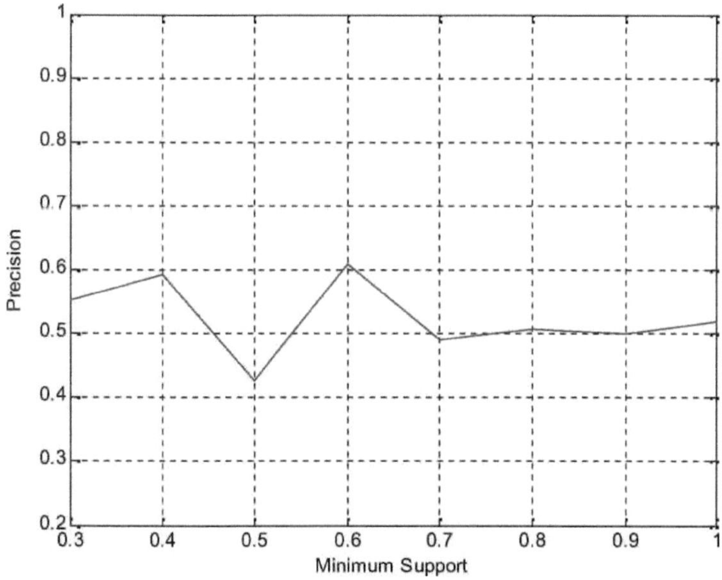

Figura 9. Desempenho de precisão (Execução 2)

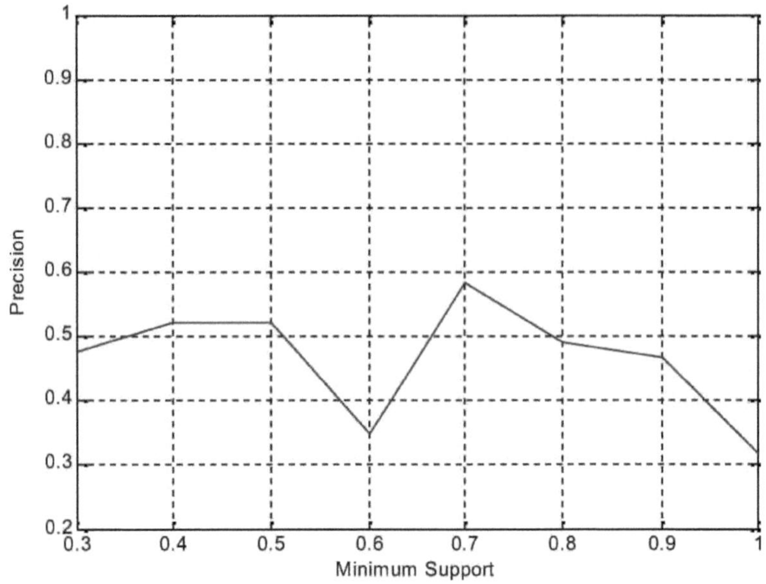

Figura 10. Desempenho de precisão (execução 3)

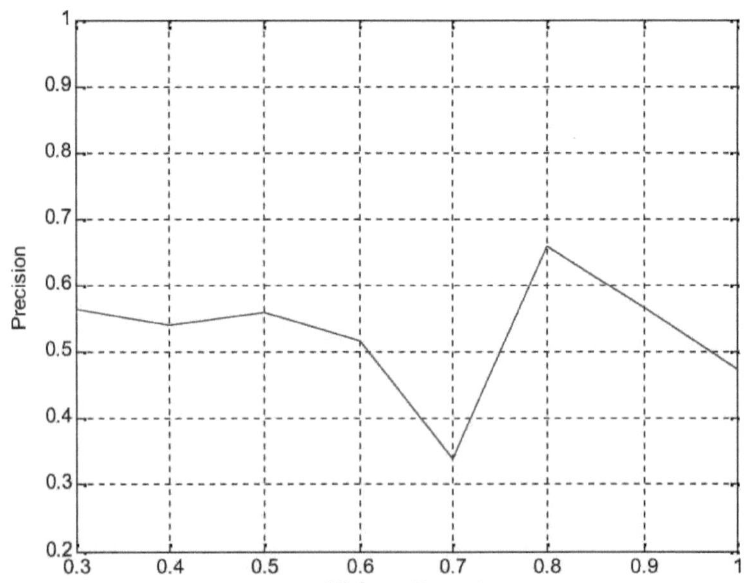

Figura 11. Desempenho de precisão (Execução 4)

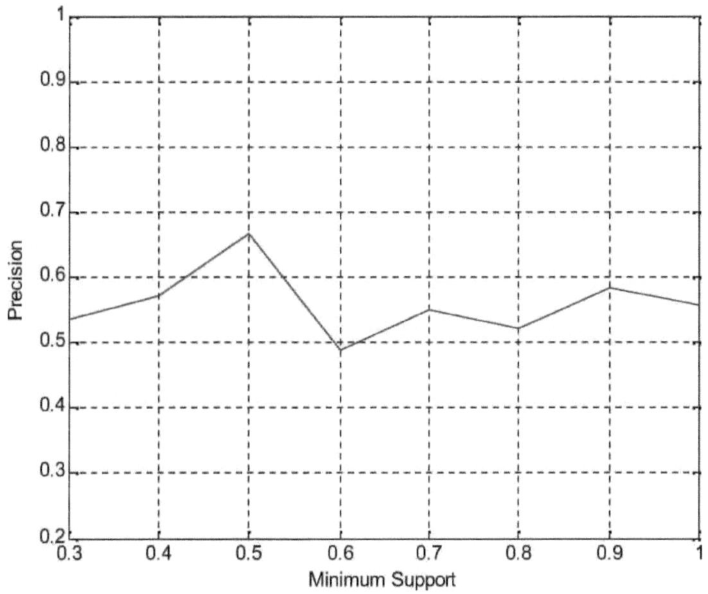

Figura 12. Desempenho de precisão (Execução 5)

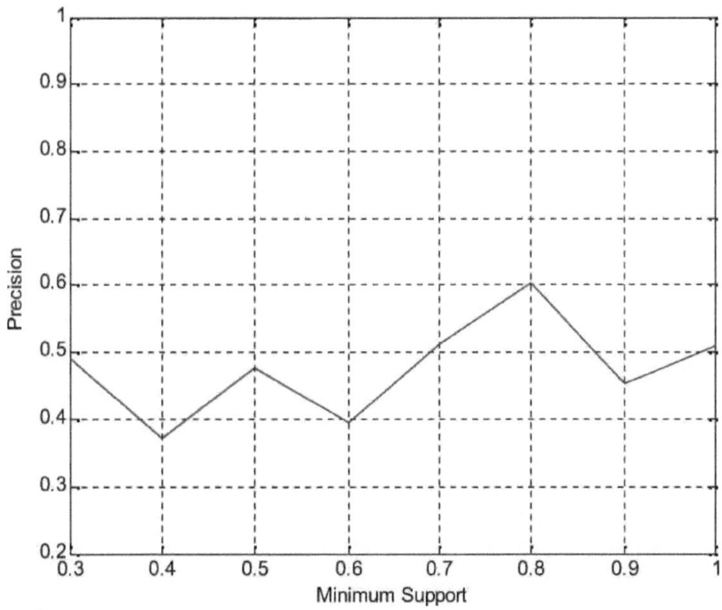

Figura 13. Desempenho de precisão (Execução 6)

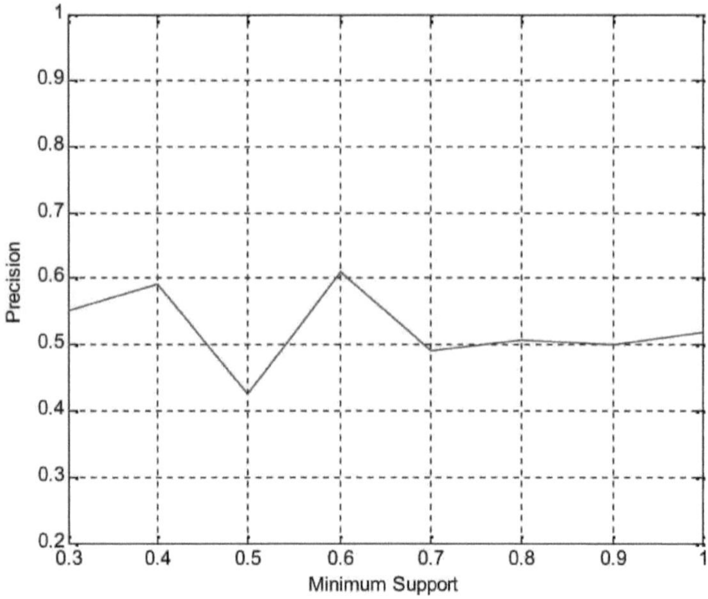

Figura 14. Desempenho de precisão (Execução 7)

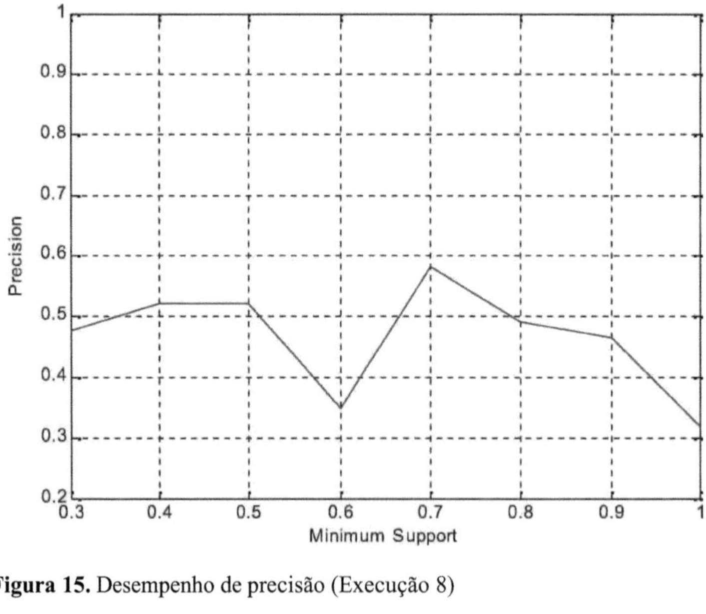

Figura 15. Desempenho de precisão (Execução 8)

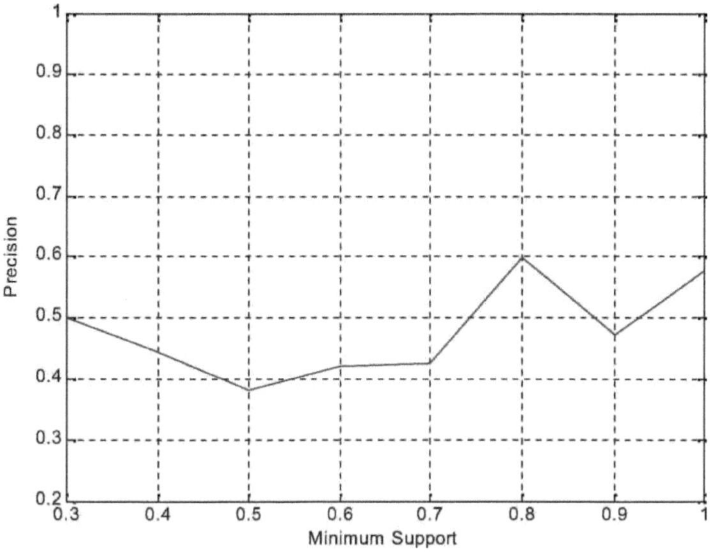

Figura 16. Desempenho de precisão (Execução 9)

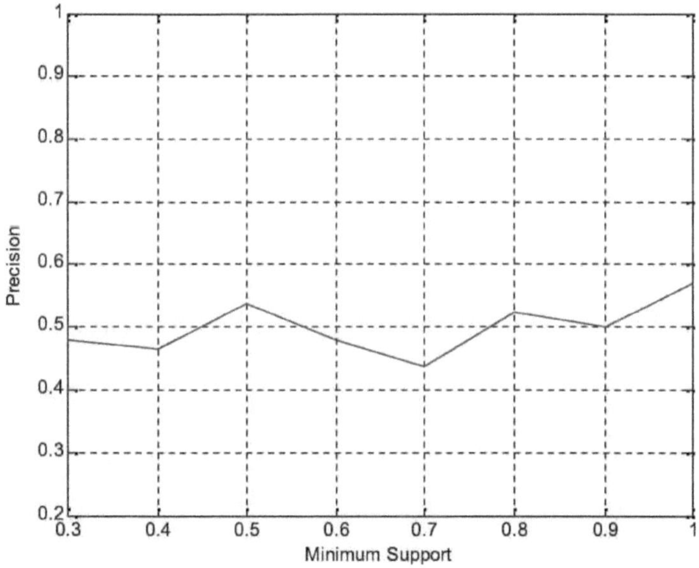

Figura 17. Desempenho de precisão (Execução 10)

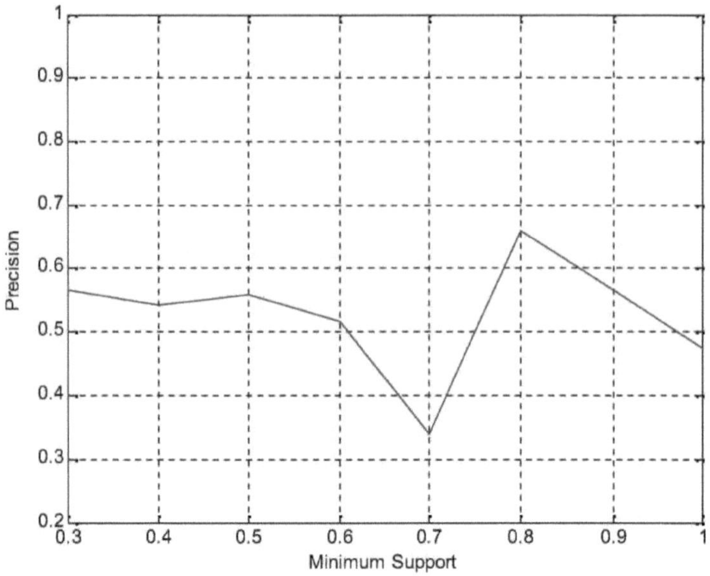

Figura 18. Desempenho de precisão (Execução 11)

De igual modo, o sistema foi executado 20 vezes. Os resultados da precisão para diferentes valores de apoio em cada execução do sistema foram registados e representados na Tabela I. A última linha representa o valor médio da precisão correspondente a cada suporte mínimo.

QUADRO II. PRECISÃO MÉDIA PARA 20 EXECUÇÕES DO SISTEMA PROPOSTO

Apoio mínimo	0.3	0.4	0.5	0.6	0.7	0.8	0.9	1
Corrida 1 Precisão	0.48	0.37	0.48	0.41	0.5	0.59	0.44	0.52
Run 2 Precisão	0.5	0.37	0.38	0.45	0.45	0.6	0.48	0.58
Corrida 3 Precisão	0.56	0.5	0.43	0.6	0.5	0.53	0.54	0.53
Run 4 Precision	0.48	0.53	0.53	0.38	0.6	0.5	0.49	0.35
Execução 5 Precisão	0.57	0.53	0.57	0.54	0.35	0.59	0.57	0.48
Corrida 6 Precisão	0.52	0.56	0.63	0.48	0.53	0.52	0.59	0.56
Execução 7 Precisão	0.48	0.47	0.53	0.48	0.43	0.52	0.5	0.57
Execução 8 Precisão	0.53	0.47	0.53	0.58	0.45	0.52	0.55	0.58
Corrida 9 Precisão	0.64	0.5	0.52	0.5	0.52	0.45	0.62	0.56
Execução 10 Precisão	0.65	0.4	0.55	0.6	0.52	0.4	0.53	0.49

Corrida 11 Precisão	0.48	0.52	0.48	0.66	0.4	0.52	0.5	0.6
Execução 12 Precisão	0.52	0.48	0.52	0.35	0.6	0.48	0.51	0.4
Corrida 13 Precisão	0.45	0.46	0.38	0.41	0.52	0.51	0.6	0.51
Corrida 14 Precisão	0.41	0.38	0.7	0.53	0.52	0.35	0.53	0.55
Execução 15 Precisão	0.51	0.43	0.5	0.52	0.35	0.5	0.4	0.51
Execução 16 Precisão	0.49	0.51	0.46	0.6	0.55	0.5	0.65	0.45
Corrida 17 Precisão	0.58	0.62	0.49	0.6	0.55	0.52	0.45	0.49
Corrida 18 Precisão	0.51	0.52	0.46	0.47	0.63	0.45	0.6	0.44
Corrida 19 Precisão	0.45	0.5	0.56	0.53	0.43	0.45	0.48	0.67
Execução 20 Precisão	0.6	0.5	0.43	0.56	0.5	0.38	0.54	0.68
Precisão média	**0.51**	**0.47**	**0.51**	**0.52**	**0.50**	**0.51**	**0.55**	**0.55**

Estes valores médios foram posteriormente traçados no gráfico manualmente em comparação com os valores obtidos no documento de base que implementou o modelo de Markov [27]. A Figura 19 representa a comparação da precisão média. A curva verde representa os valores obtidos a partir do sistema existente proposto em [27]. A curva azul representa os valores médios obtidos no sistema proposto.

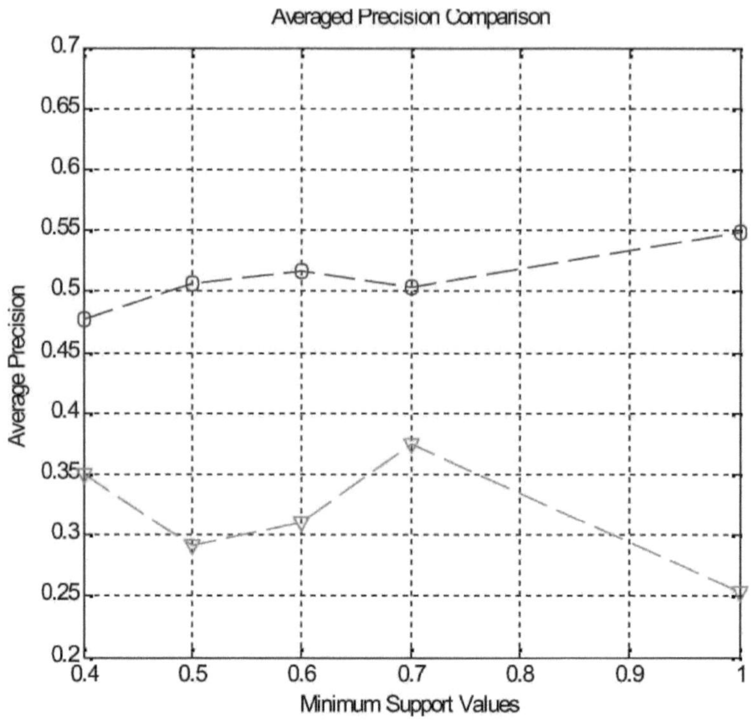

Figura 19: Precisão média em relação à precisão do sistema existente

Análise:

- O modelo proposto é estável e apresenta um desempenho consistente em todos os valores de apoio mínimo, tendo o melhor desempenho sido registado no valor de apoio mínimo mais elevado, ou seja, l. Mesmo com valores de apoio mais baixos, o desempenho é melhor do que o do modelo existente.

- Globalmente, a precisão apresentada pelo modelo proposto é melhor do que a do modelo existente.

5.4 Satisfação

Os instantâneos dos valores de satisfação para algumas execuções do sistema são os seguintes:

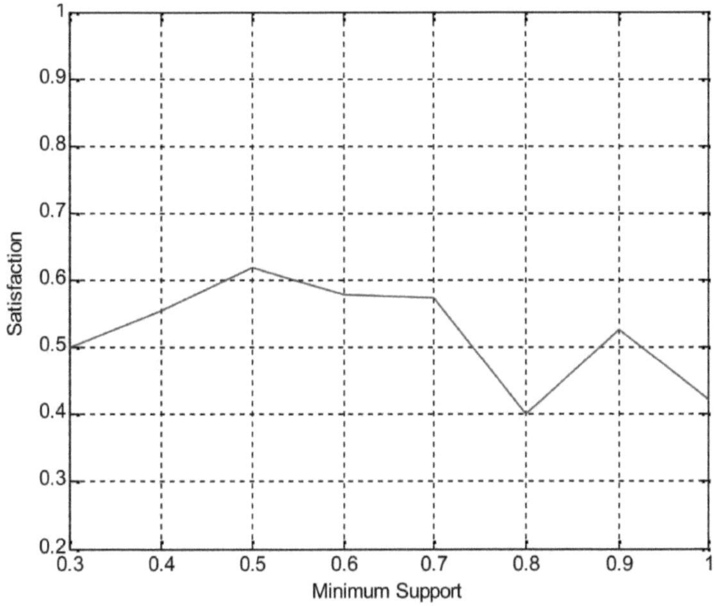

Figura 20. Desempenho da satisfação (Execução 1)

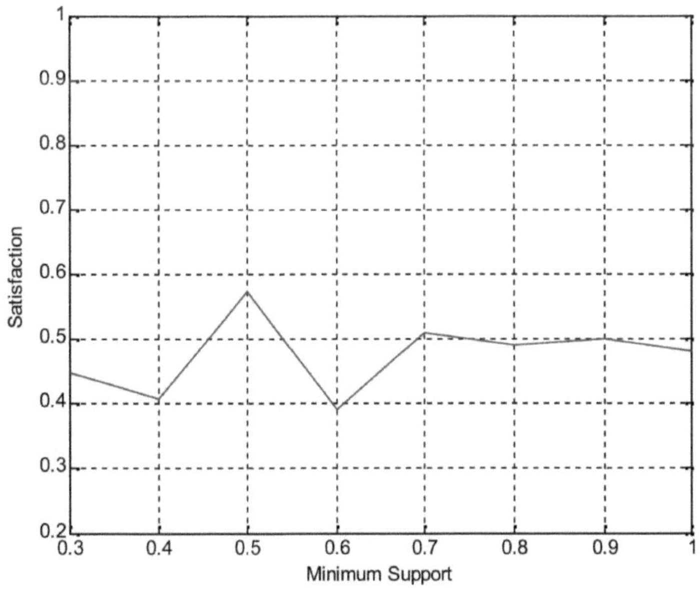

Figura 21. Desempenho em termos de satisfação (Execução 2)

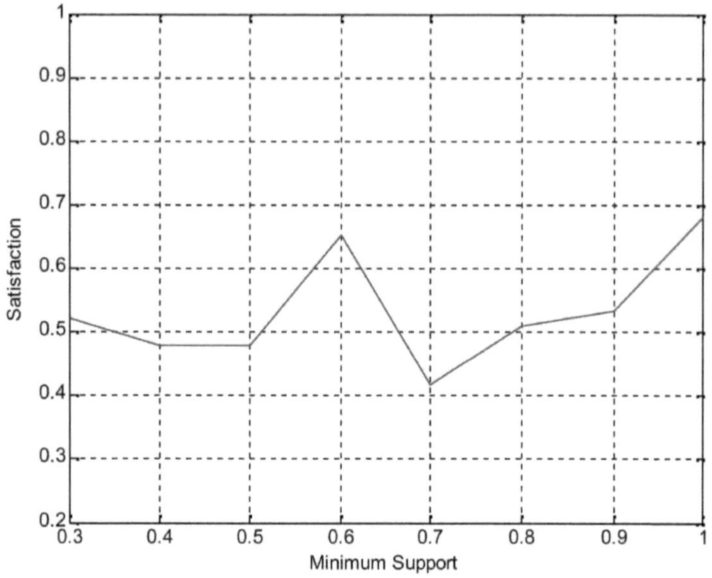

Figura 22. Desempenho em termos de satisfação (Execução 3)

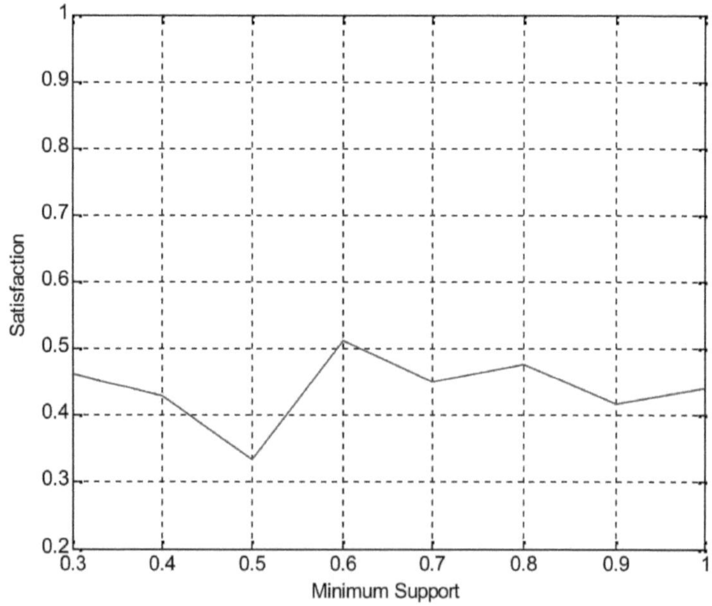

Figura 23. Desempenho da satisfação (Execução 4)

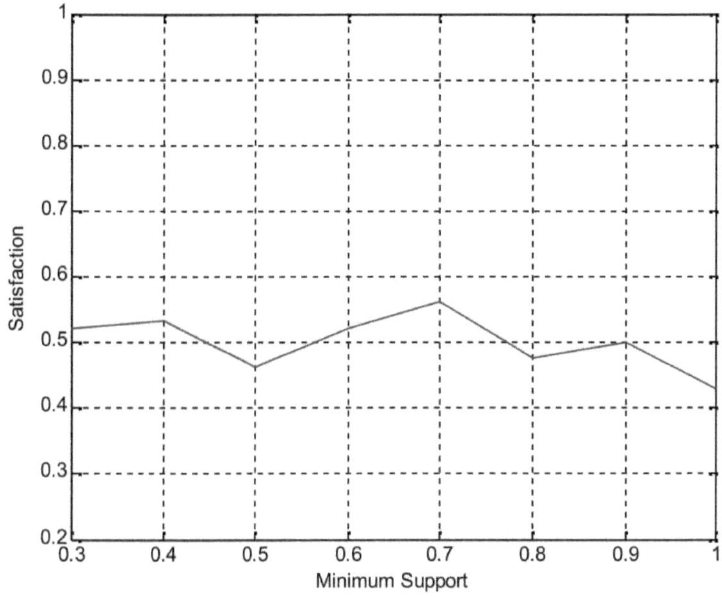

Figura 24. Desempenho da satisfação (Execução 5)

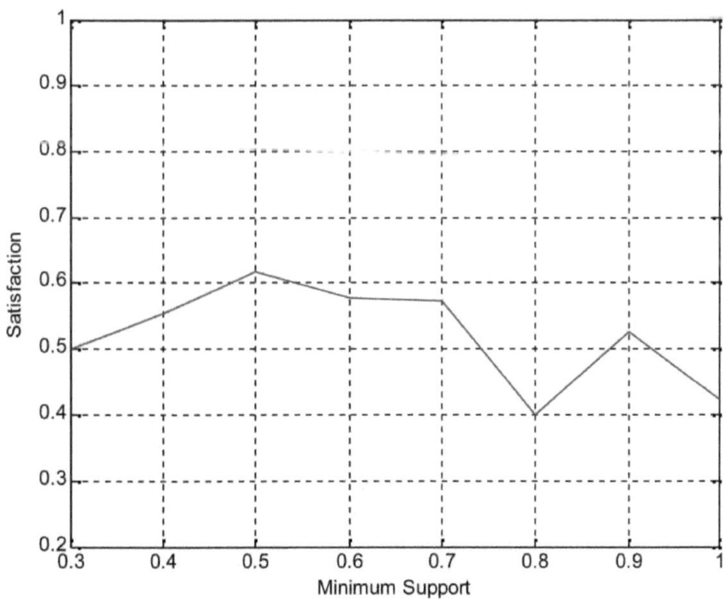

Figura 25. Desempenho em termos de satisfação (Execução 6)

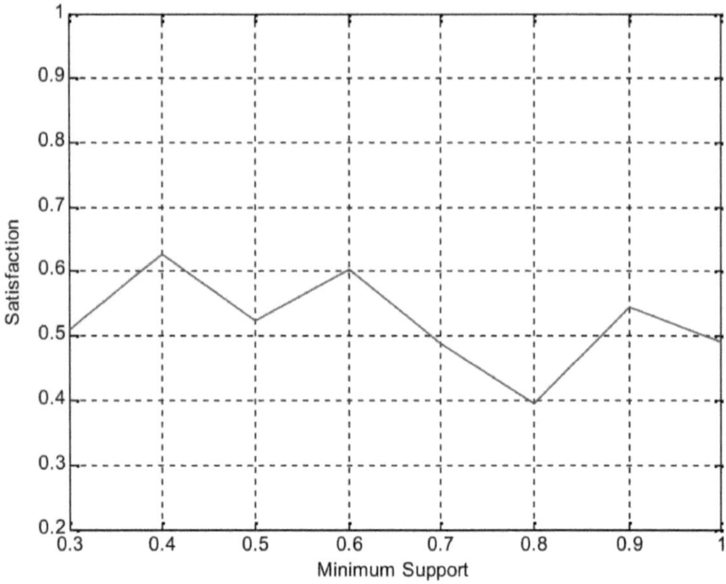

Figura 26. Desempenho da satisfação (Execução 7)

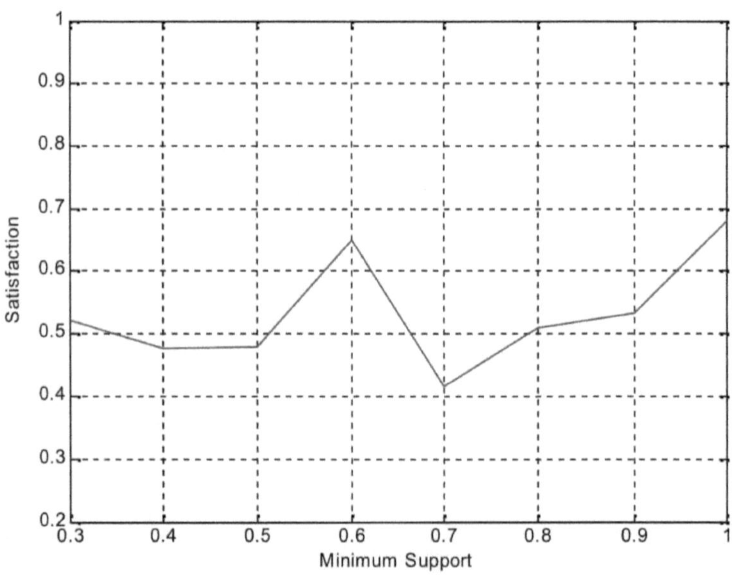

Figura 27. Desempenho da satisfação (Execução 8)

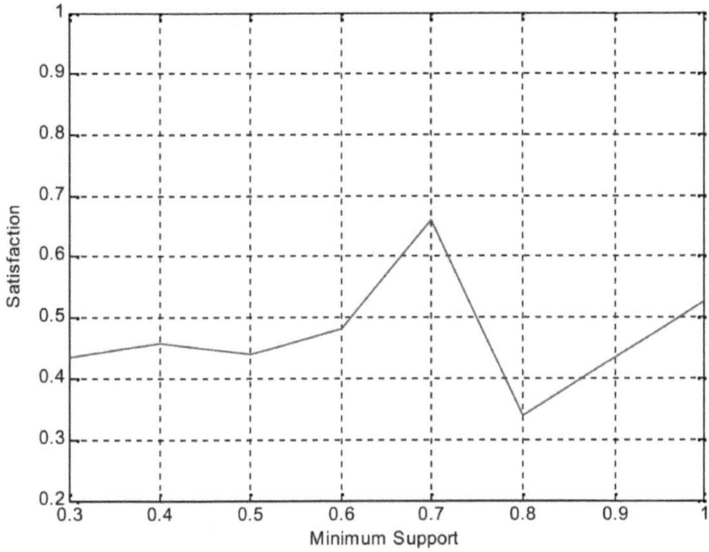

Figura 28. Desempenho da satisfação (Execução 9)

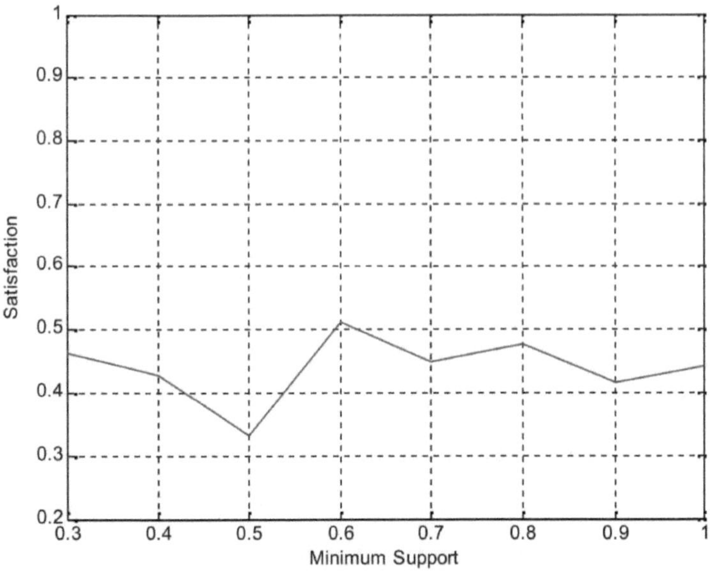

Figura 29. Desempenho da satisfação (Execução 10)

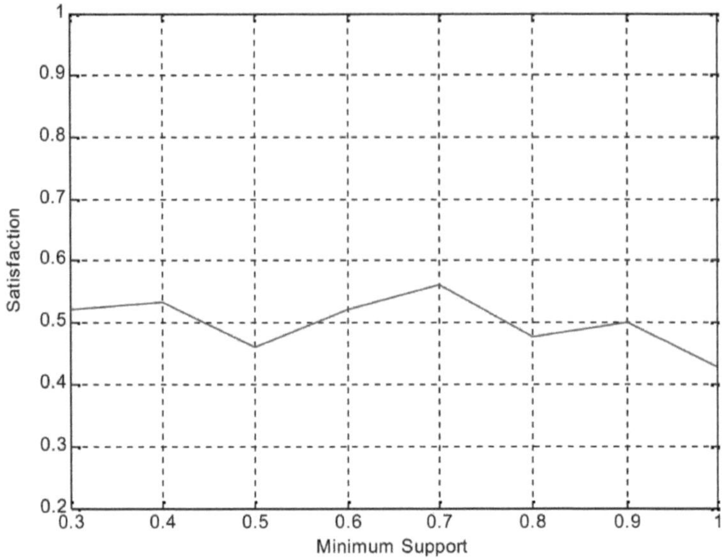

Figura 30. Desempenho da satisfação (Execução 11)

Os resultados de Satisfação para diferentes valores de suporte mínimo para cada execução foram anotados manualmente. O quadro II apresenta os valores de satisfação correspondentes a cada execução do sistema.

Tabela III. SATISFAÇÃO MÉDIA PARA 20 EXECUÇÕES DO SISTEMA PROPOSTO

Suporte mínimo	0.3	0.4	0.5	0.6	0.7	0.8	0.9	1
Satisfação da corrida 1	0.51	0.63	0.53	0.6	0.47	0.39	0.55	0.49
Run 2 Satisfação	0.5	0.58	0.62	0.58	0.6	0.39	0.5	0.43
Corrida 3 Satisfação	0.48	0.5	0.58	0.48	0.52	0.5	0.48	0.48
Run 4 Satisfação	0.52	0.48	0.49	0.65	0.44	0.48	0.52	0.6
Run 5 Satisfação	0.43	0.45	0.43	0.48	0.62	0.55	0.43	0.52
Execução 6 Satisfação	0.47	0.42	0.33	0.51	0.47	0.49	0.43	0.43
Run 7 Satisfação	0.52	0.53	0.45	0.51	0.56	0.45	0.46	0.43
Run 8 Satisfação	0.47	0.53	0.48	0.45	0.53	0.51	0.58	0.43
Execução 9 Satisfação	0.38	0.5	0.48	0.49	0.48	0.56	0.4	0.45
Run 10 Satisfação	0.36	0.6	0.45	0.45	0.5	0.63	0.48	0.52

Run 11 Satisfação	0.6	0.48	0.52	0.45	0.46	0.63	0.61	0.4
Execução 12 Satisfação	0.55	0.56	0.63	0.52	0.5	0.51	0.4	0.49
Corrida 13 Satisfação	0.38	0.52	0.48	0.53	0.52	0.36	0.4	0.59
Execução 14 Satisfação	0.53	0.48	0.55	0.49	0.56	0.68	0.49	0.58
Execução 15 Satisfação	0.49	0.56	0.49	0.48	0.63	0.52	0.61	0.49
Execução 16 Satisfação	0.51	0.5	0.55	0.4	0.45	0.5	0.35	0.55
Execução 17 Satisfação	0.42	0.35	0.52	0.41	0.46	0.45	0.59	0.53
Corrida 18 Satisfação	0.49	0.48	0.62	0.61	0.35	0.56	0.35	0.57
Execução 19 Satisfação	0.56	0.5	0.43	0.46	0.56	0.55	0.4	0.35
Execução 20 Satisfação	0.38	0.5	0.57	0.44	0.51	0.56	0.6	0.57
Satisfação média	**0.46**	**0.40**	**0.51**	**0.50**	**0.52**	**0.53**	**0.50**	**0.52**

Cada linha corresponde a uma execução diferente do sistema. No final de cada coluna, ou seja, para cada valor de suporte mínimo, foi calculado o valor médio de satisfação e, posteriormente, traçado no gráfico em comparação com os valores de satisfação obtidos no sistema existente [27].

A Figura 31 ilustra o gráfico dos valores de satisfação média em função de diferentes suportes mínimos para o modelo proposto e também o compara com o modelo existente que utiliza o modelo de Markov.

A curva de cor azul (pontos redondos) indica os resultados obtidos com o modelo proposto e a curva de cor vermelha (caixas de diamante) indica os resultados do modelo existente baseado na cadeia de Markov.

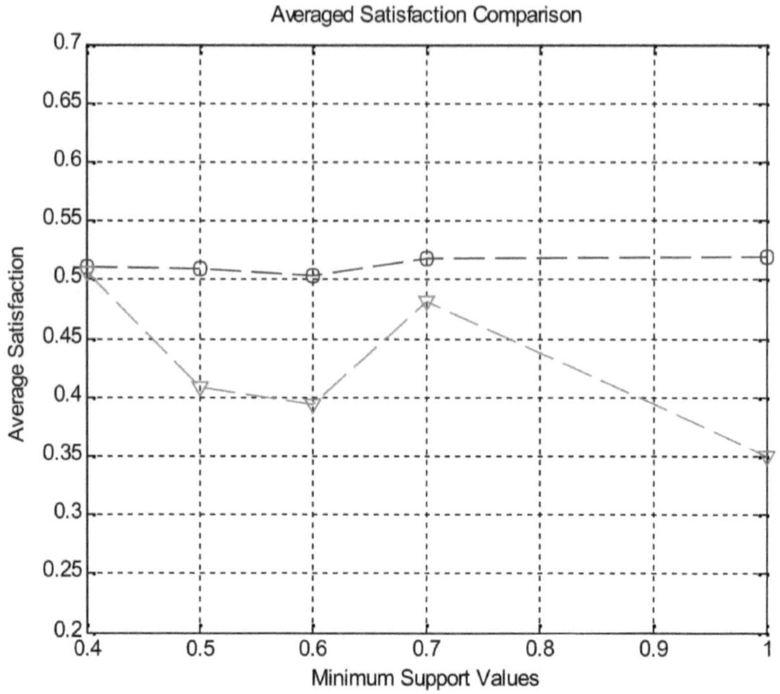

Figura 31: Satisfação média em relação à satisfação com o sistema existente

Análise:

- O desempenho do modelo proposto é melhor do que o modelo existente em todos os valores de apoio mínimo, exceto em 0,3.
- Para o apoio mínimo (= 0,3), os dois modelos apresentam quase o mesmo desempenho.
- Para outros valores de apoio mínimo (<0,3), o desempenho do modelo proposto é melhor do que o do modelo existente.
- Em geral, a satisfação do modelo proposto é melhor do que a do modelo existente em quase todos os valores de apoio mínimo.

CAPÍTULO 6

CONCLUSÃO E ÂMBITO FUTURO

6.1 Conclusão

Verifica-se que a área da extração semântica da utilização da Web tem um elevado potencial de aplicação na construção de sistemas de recomendação na Web. A extração de dados de utilização da Web baseada na semântica oferece melhores recomendações de páginas Web para um sítio Web do que a extração de dados de utilização da Web tradicional. Este trabalho apresenta uma nova abordagem para recomendações de páginas Web. O desempenho do sistema resultante, que utiliza o modelo de Markov oculto, foi comparado com o atual sistema de recomendação da Web baseado em cadeias de Markov para a previsão de páginas Web [27]. O desempenho foi medido em termos de precisão e satisfação. Os resultados mostram que o modelo proposto oferece recomendações mais eficientes devido ao facto de terem sido descobertas com êxito as ligações de navegação ocultas que, de outro modo, não são exploradas na maioria dos modelos.

6.2 Âmbito futuro

- A abordagem pode ser melhorada através da adoção de outro método para a extração de termos do domínio, como metadados, nomeadamente etiquetas âncora, etiquetas html, etc.

- A abordagem pode ser aplicada aos sistemas de recomendação existentes, incorporando a informação semântica nos dados de utilização da Web.

- As ontologias de domínio podem ser reutilizadas para a extração de conceitos em sítios Web de domínio semelhante e as palavras-chave reais podem ser definidas especificamente para o sítio Web em causa.

- O principal desafio dos sistemas de recomendação é a proteção da privacidade. Por exemplo, o preditor de uma empresa pode prever a data do parto de uma futura mãe com base no tipo de produtos que ela compra ao longo do tempo. Estas questões têm de ser resolvidas. Assim, o domínio da proteção da privacidade tem grande margem de investigação no futuro.

- Outra questão que pode ser analisada é a escalabilidade dos sistemas de recomendação em grande escala. É possível trabalhar no domínio dos sistemas de recomendação em grande escala e em tempo real para melhorar o tratamento dos dados.

REFERÊNCIAS

[1] Han, Jiawei, Micheline Kamber e Jian Pei. Data mining: concepts and techniques: conceitos e técnicas. Elsevier, 2011.

[2] Fancy, L. Shobby Neeta, e A. Rajamurugan. "Uma revisão sobre noções básicas de mineração na Web". Revista Internacional de Pesquisa Avançada em Engenharia da Computação e Comunicação Vol. 3, Edição 11, novembro de 2014

[3] F. Long, H. Zhang e D. D. Feng, "Fundamentals of content based imageretrieval",www.cse.iitd.ernet.in/~pkalra/siv864/Projects/ch01_Long_ v40-proof.pdf.

[4] L. Chen, W. Lian e W. Chue, "Using web structure and summarization techniques for web content mining", International Journal of Information Processing and Management, Vol. 41, No. 5, pp. 1225-1242, 2005.

[5] R. Campos, G. Dias e C. Nunes, "WISE: Hierarchical Soft Clustering of Web Page Search Results Based on Web Content Mining Techniques", In Proceedings of IEEE/WIC/ACM International Conference on Web Intelligence, pp. 301-304, 2006.

[6] M. Hosseini and H. Hassani, "Mining Search Engine Query Log for Evaluating Content and Structure of a Web Site", In Proceedings of the IEEE/WIC/ACM International Conference on Web Intelligence, pp. 235241,2007.

[7] L. Moussiades e A. Vakali, "Mining the Community Structure of a Web Site", In Proceedings of Fourth Balkan Conference in Informatics, pp.239244, 2009.

[8] Q. Song e M. Shepperd, "Mining web browsing patterns for ecommerce", Computers in Industry, Vol. 57, No. 7, pp. 622-630, 2006.

[9] S. Guan e P. McMullen, "Organizing information on the next generation web -design and implementation of a new bookmark structure", International Journal of Information Technology Decision Making, Vol. 4, No. 1,pp. 97-115,2005.

[10] K. A. Smith e A. Ng, "Web page clustering using a self-organizing map of user navigation patterns", Decision Support System, Vol. 35, No.2, pp. 245-256, 2003.

[11] E. Cohen, B. Krishnamurthy e J. Rexford, "Improving end-to-end performance of the web using server volumes and proxy filters", In Proceedings of ACM SIGCOMM, pp. 241-253, 1998.

[12] J. Srivastava, R. Cooley, M. Deshpande e P.N. Tan, "Web Usage Mining: Discovery and Applications of Usage Patterns from Web Data", In Proceedings ofACM SIGKDD, Vol. 12,

No.1, pp. 12-23, 2000.

[13] D. Gibson, K. Punera e A. Tomkins, "The volume and evolution of web page templates", In WWW '05 Special interest tracks and posters of the 14th International Conference on World Wide Web, pp. 830-839, 2005.

[14] Buchner e M. D. Mulvenna, "Discovering internet marketing intelligence through online analytical web usage mining", In Proceedings ofACM SIGMOD Record, Vol. 27, No. 4, pp. 54 -61, 1998.

[15] S. Aggarwal, V. Mangat, "Application Areas of Web Usage Mining", In Proceedings of 5th International Conference on Advanced Computing and Communication Technologies, pp. 208-211, IEEE, 2015

[16] Lu Chen, Qiang Su, "Discovering User's Interest at E-Commerce Site Using Clickstream Data," In Proceedings of 10th International Conference on Service Systems and Service Management (ICSSSM) , IEEE , pp. 124129, July 2013.

[17] S. Aggarwal, V. Mangat, "Semantics based Approach for Efficient Web Page Recommendations", In Proceedings of 15th UK Workshop on Computational Intelligence, IEEE, setembro de 2015.

[18] Omer Adel Nasser, Dr. Nedhal A. Al Saiyd, "A integração entre técnicas de extração de dados e de extração de utilização da Web," In Proceedings of 5th International Conference on Computer Science and Information Technology (CSIT), IEEE, pp. 243-247, 2013.

[19] Yanduo Zhao, "The Review of Web Mining in E-commerce," In Proceedings of the 2013 International Conference on Computational and Information Sciences (ICCIS'13), IEEE, pp. 571-574, 2013.

[20] Anupma Surya, Dilip Kumar Sharma, "An approach for web page ordering using user session", In Proceedings of 2013 IEEE Conference on Information and Communication Technologies(ICT), pp. 1009-1013, 2013.

[21] Anupma Surya e Dilip Kumar Sharma, "A Comparative Analysis of Clickstream as Web Page Importnace Metric," In Proceedings of 2013 IEEE Confeence on Information and Communication Technologies, pp. 776-781,2013

[22] Lima, Allan Diego Silva, e Jaime Simão Sichman. "SORM: Um Modelo de Relevância de Opinião Social." In Proceedings of IEEE/WIC/ACM International Joint Conferences on Web Intelligence (WI) and Intelligent Agent Technologies (IAT), IEEE, Vol. 1, pp. 78-85, 2014

[23] Dai, Honghua, e Bamshad Mobasher. "A Road Map to More Effective Web Personalization: Integrating Domain Knowledge with Web Usage Mining". In Proceedings of International Conference on Internet Computing, pp. 58-64. 2003.

[24] Kazienko, Przemyshaw, e Maciej Kiewra. "Integração de bases de dados relacionais e conteúdo de sítios Web para recomendação de produtos e páginas." Em Actas do Simpósio Internacional sobre Engenharia e Aplicações de Bases de Dados (IDEAS'04), pp. 111-116, IEEE, 2004.

[25] Nagarnaik, Paritosh, e A. Thomas. "Pesquisa sobre métodos de sistemas de recomendação". In Proceedings of 2nd International Conference on Electronics and Communication Systems (ICECS), pp. 1496-1501, IEEE, 2015.

[26] Zhong, Ning, Jiming Liu, Yi Yu Yao e Setsuo Ohsuga. "Inteligência Web (WI)". Em Actas da 24ª Conferência Internacional Anual sobre Software e Aplicações Informáticas (COMPSAC 2000), IEEE, pp. 469470, 2000

[27] Thi Thanh Sang Nguyen, Hai Yan Lu, e Jie Lu, "Web-Page Recommendation Based on Web Usage and Domain Knowledge," IEEE Transactions on Knowledge and Data Engineering, Vol. 26, No. 10, Oct 2014.

[28] Mobasher, Bamshad, Robert Cooley e Jaideep Srivastava. "Automatic personalization based on web usage mining." Communications of the ACM 43,No. 8,pp. 142-151,2008.

[29] Mobasher, Bamshad, Honghua Dai, Tao Luo e Miki Nakagawa. "Personalização efectiva baseada na descoberta de regras de associação a partir de dados de utilização da Web". In Proceedings of the 3rd international workshop on Web information and data management, pp. 9-15, ACM, 2001.

[30] Ezeife, Christie I., e Yi Lu. "Mineração de padrões sequenciais de registos da Web com uma árvore wap ligada por pré-ordem codificada por posição". Data Mining and Knowledge Discovery 10, No. 1, pp. 5-38, 2015.

[31] Mobasher, Bamshad, Robert Cooley e Jaideep Srivastava. "Automatic personalization based on web usage mining." Communications of the ACM 43,No. 8,pp. 142-151,2000.

[32] Bin, Yang, Dong Xiangjun e Shi Fufu. "Pesquisa de mineração de uso da WEB com base em regras de associação negativas". Nos Anais do Fórum Internacional de Ciência da Computação-Tecnologia e Aplicações (IFCSTA'09), Vol. 1, pp. 196-199, IEEE, 2009.

[33] Etminani, Kobra, Mohammad R. Akbarzadeh-Totonchi, e Noorali Raeeji Yanehsari. "Web

Usage Mining: extração de padrões de navegação dos utilizadores a partir de registos da Web utilizando o método de agrupamento baseado em formigas." No programa final e livro de resumos do congresso mundial conjunto da Associação Internacional de Sistemas Fuzzy 2009 e da conferência da Sociedade Europeia de Lógica e Tecnologia Fuzzy 2009 (IFSA/EUSFLAT 2009), Lisboa, Portugal, pp. 396-401, julho de 2009.

[34] Zaki, Mohammed J. "SPADE: Um algoritmo eficiente para a extração de sequências frequentes". Machine learning , Vol. 42, No. 1-2, pp. 31-60, 2001.

[35] Priyanka S. Panchal e Urmi D. Agravat, "Técnica híbrida para a previsão do acesso do utilizador a páginas Web com base no modelo de Markov," Nos Anais da Quarta Conferência Internacional sobre Computação, Comunicações e Tecnologias de Rede (ICCCNT) IEEE, pp. 1-8, julho de 2013

[36] Guishi Deng e Zhiguo Zhu, "Mining Interest Association Rules in Website based on Hidden Markov Model," In Proceedings of 4th International Conference on Wireless Communications, Networking and Mobile Computing (WiCOM'08) IEEE, pp. 1-4, Out. 2008.

[37] Lin, Weiyang. "Mineração de regras de associação para sistemas de recomendação colaborativos". Tese de doutoramento, Instituto Politécnico de Worcester, 2000.

[38] Agrawal, Rakesh, Tomasz Imielihski e Arun Swami. "Mineração de regras de associação entre conjuntos de itens em grandes bases de dados". In Proceedings of ACM SIGMOD Record, Vol. 22, no. 2, pp. 207-216, ACM, 1993.

[39] Pingfeng, Liu, Guihua Nie e Donglin Chen. "Exploração de descrições semânticas de produtos e perfis de utilizadores para sistemas de recomendação". In Proceedings of IEEE Symposium on Computational Intelligence and Data Mining, (CIDM 2007), pp. 179-185, 2007.

[40] Sandvig, Jeff J., Bamshad Mobasher e Robin Burke. "Robustness of collaborative recommendation based on association rule mining" [Robustez da recomendação colaborativa baseada na extração de regras de associação]. In Proceedings of the 2007 ACM conference on Recommender systems, ACM,pp. 105-112, 2007.

[41] Frujillo, Maria, Marta Millan e Edward Ortiz. "Um sistema de recomendação baseado em caraterísticas múltiplas". Computational Science and Its Applications (ICCSA 2007), Springer Berlin Heidelberg, pp. 370-382, 2007.

[42] Gligorov, Risto, Warner ten Kate, Zharko Aleksovski e Frank Van Harmelen. "Utilizar a distância Google para ponderar correspondências ontológicas aproximadas". In Proceedings of

the 16th international conference on World Wide Web, ACM, pp. 767-776, 2007.

[43] Salin, Suleyman, e Pinar Senkul. "Using semantic information for web usage mining based recommendation." Em Actas do 24.º Simpósio Internacional de Ciências da Computação e da Informação (ISCIS 2009), IEEE, pp. 236-241,2009.

[44] Lemdani, Roza, et al. "A collaborative and semantic-based approach for recommender systems. "In Proceedings of10th International Conference onIntelligent Systems Design and Applications (ISDA), IEEE, pp. 469476, 2010.

[45] Xiao, Min, e Hengxi Zhang. "Algoritmo de recomendação personalizada baseado em agrupamento semântico". In Proceedings of International Conference onBusiness Management and Electronic Information (BMEI), IEEE, Vol. 3,pp. 450-453,2011.

[46] Sneha, Y. S., G. Mahadevan, e M. Madhura Prakash. "An online recommendation system based on web usage mining and Semantic Web using LCS Algorithm. "In Proceedings of 3rd International Conference onElectronics Computer Technology (ICECT), IEEE, , Vol. 2, pp. 223226, 2011.

[47] Heydari Yazdi, Ashraf Sadat, e Mohsen Kahani. "Um novo modelo para minerar regras de associação a partir de dados semânticos da web". Em Proceedings of Iranian Conference onIntelligent Systems (ICIS), IEEE, pp. 1-4, 2014.

[48] Alharbi, Hadeel, Ashoka Jayawardena e Paul Kwan. "Sistema de recomendação social para prever as necessidades dos alunos/instrutores: Review and Proposed Framework."

[49] Venu Gopalachari, M., e Po Sammulal. "Sistema de recomendação de páginas da Web personalizado usando uso integrado e conhecimento de conteúdo". Nos Anais da Conferência Internacional sobre Tecnologias Avançadas de Controlo de Comunicações e Computação (ICACCCT), IEEE, pp. 1066-1071, 2014.

[50] Venu Gopalachari, M., e P. Sammulal. "Sistema de recomendação de filtragem colaborativa personalizada usando conhecimento de domínio". Em Proceedings of International Conference onComputer and Communications Technologies (ICCCT), IEEE, pp. 1-6, 2014.

[51] http://kdd.ics.uci.edu/databases/msweb/msweb.html

[52] http://in.mathworks.com/products/matlab/

MIX
Papier aus verantwortungsvollen Quellen
Paper from responsible sources
FSC® C105338

Printed by Books on Demand GmbH, Norderstedt / Germany